The Green Flash

El rayo verde

The Green Flash / El rayo verde
Anthology of the First Quantum Prose Writers-and-Artists Eco-Residency. Holbox, México, April 2022

Editor-in-Chief
Marta del Pozo

Editorial Advisor
Gregg Harper

Designer
Vicente Sánchez

Cover Image
©Lonica Hennebury

Author-Page Images
©"Untitled", Iván Pérez-Blanco Avilés

Album Photography
©Alberto Chávez

ISBN
978-0-9973014-8-9

Library of Congress Number
2023939682

Sponsors

Quantum Prose, Inc.
Quantum Prose is a 501 (c) (3) non-profit
organization incorporated in New York City, NY

The Green Flash

El rayo verde

Anthology of the First Quantum Prose
Writers-and-Artists EcoResidency

Holbox, México

QUANTUM PROSE

Contents

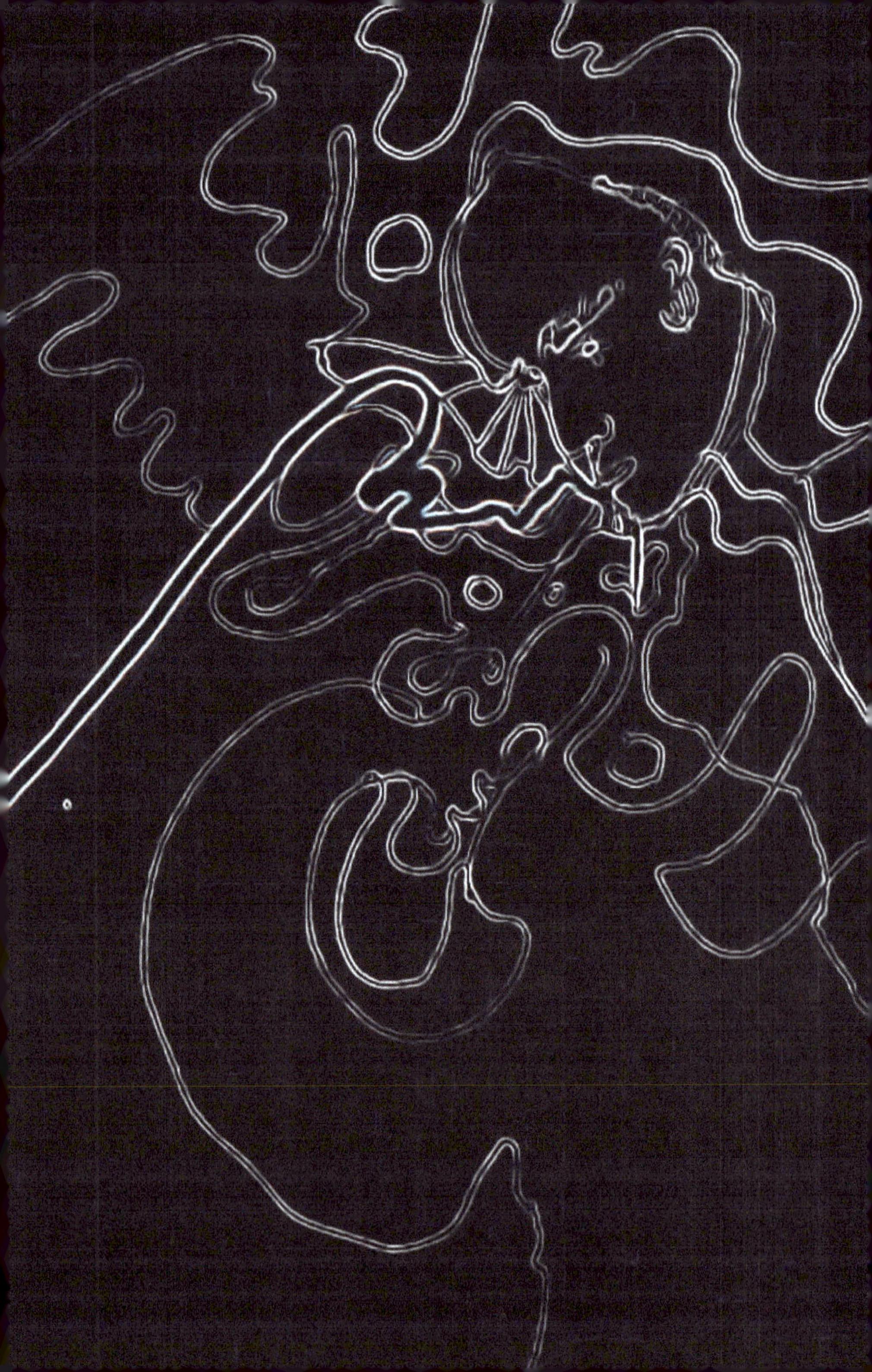

LEONARD SCHWARTZ

The Poetics of "Nature"

"Nature" is the unconscious.

The sense of this statement is often more immediately clear to sculptors, to painters, and to other artists who work with physical materials, than it is to writers – or to scientists.

As one carves the stone or fashions the wood what one desired or feared comes gradually into the clearing, unknowns realized in the emerging form, an ambient mystery for that moment determinate, the non-human realized in its nascence, which is already to personify it: the image becoming more and more human to the extent we begin to mold it to our image – at which point "Nature", conceived of as something self-identical, is lost. So I want to identify non-self identical with "Nature" to help me distance it from the definition of Nature that would put itself in contrast to what we do.

Nature is the unconscious. When one picks up language and begins to fiddle with it, as it were absent mindedly, or by way of automatic writing, or by chance operations, or by working from the black of the page, the unconscious begins to come into view. What was in the dark comes into the arena of humanly generated light. What was coiled in the unconscious enters the social.

This distinction is not the same as that between subjective and objective, or inside and outside: it is closer to that between wilderness and civilization, except that we know that wilderness does not exist in some pure form, not since the invention of the atom bomb: all present forms of wilderness are dependent on a contingent human choice to go on, to resist the death drive as it were, and therefore, are not independent of human choice.

"Nature is the unconscious" means to say that nature is where what we know of ourselves as humans leaves off, where what we don't know of ourselves as human begins, and yet where something is all the same encountered.

It means to say that as soon as we know our natures, or Nature itself, Nature has been mapped, and becomes part of the known, subject to the laws and logics of our maps and ripe for exploitation.

One goal of an eco-poetics could be to conjure up the object of Nature from our unconsciousness, without submitting it to this imperative of knowledge.

Representations of Nature, of course, are neither natural nor from Nature. Nature poetry defined as such is perhaps at the greatest remove of all from Nature. Only a non-representational art could ever tease Nature into the clearing, realizing in its language something of the force of that unconscious upsurge, without turning it into a simulacrum of itself. Referential no doubt, but not representational... Does this make "Nature poetry" then into a kind of pornography, reducing "Nature" to the voyeuristically observed and represented object, as opposed to something embraced in all the impossibility of such embrace?

Here is a passage from the great 20th century Jewish philosopher Martin Buber, who speaks of relation, encounter, and the possibility of a form of language-making in which Being is not turned into object ("It") or into representation (thing). At first he isn't sure such a thing is possible:

> Life with nature...Here the relation vibrates in the dark and remains below language. The creatures stir across from us, but they are unable to come to us, and the You we say to them sticks to the threshold of language. (Buber, *I and Thou*)

Yet later:

> I contemplate a tree.
> I can accept it as a picture: a rigid pillar in a flood of light, or splashes of green traversed by the gentleness of the blue silver ground.

> I can assign it to a species, and observe it as an instance, with an eye to its construction and its way of life.
>
> Throughout all of this the tree remains my object and has its place and its time span, its kind and condition.
>
> But it can also happen, if will and grace are joined, that as I contemplate the tree I am drawn into relation, and the tree ceases to be an It. The power of exclusiveness has seized me.

For Buber key relationships are those between the human and the human, and the human and God. Yet something does happen here beyond the quantification, classification, and exploitation of the tree. There is a relation that is formed with the tree. That relationship remains largely... unconscious. Yet still... something happens. I am drawn into a relation of the in between, as opposed to simply having an experience of the thing in myself.

As poets, we will ourselves towards Nature. We turn receptive when we feel its approach, putting the will aside, desirous not to leave our fingerprints on the thing, not to render such a thing as an "it" to our "self", as an "object" to our "subject": to apprehend the thing, without a human mark or mask.

"Not a word said outright, / Yet the whole beauty revealed; / No mention of self / Yet passion too deep to be borne" as the T'ang poet Sikong Tu phrases it in his The Twenty-Four Modes of Poetry. Not a word said outright... a language within the language, on the basis of which such disarticulation could occur. The poetic avant-garde has something crucial to contribute to the formulation of an ecology. Ecology, which teaches us the complexity of the environment's interdependencies, offers us a richer metaphor for what happens in language than a view of reading which gives the role of meaning-giver to either author or reader.

The unconscious also gives birth to many monsters. We should not aestheticize Nature as the beautiful, or imagine the poem as the only translation of the unconscious. City planners and industrial managers believe themselves to be making conscious choices but of course they are – we all are – caught up inside mechanisms much larger than those of our conscious choices. The unconscious is neither good nor evil. The unconscious harbors many of the violent impulses Freud accredited to it. The unconscious also harbors Eros, which, at bottom, is the impulse to live, and in living to encounter the Other, as opposed to Thanatos, which is the urge to move towards and destroy the other. Could Freud's Civilization and Its Discontents contain a workable eco-poetics? I'm not sure. Throughout Freud there is a desire to map the unconscious. Poetry has to remain poetry, not a map, to be effective here.

To quote Heidegger: "What are poets for"?

The poet Robert Graves insists, and I must insist on reminding us that he insists, that all poetry is written as a form of worship of the *White Goddess*. This is a key passage from Graves book of that same title…

The Goddess is a lovely, slender woman with a hooked nose, deathly pale face, lips red as rowan-berries, startlingly blue eyes and long fair hair; she will suddenly transform herself into sow, mare, bitch, vixen, she-ass, weasel, serpent, owl, she-wolf, tigress, mermaid or loathsome hag… I cannot think of any true poet from Homer onwards who has not independently recorded an experience of her. The test of a poet's vision, one might say, is the accuracy of the portrayal of the White Goddess and of the island on which she rules. The reason why the hairs stand on end, the eyes water, the throat is constricted, the skin crawls and a shiver runs down the spine when one writes or reads a true poem is that a true poem is necessarily an invocation of the White Goddess, or Muse, the Mother of All Living, the ancient power of fright and lust – the female spider or the queen-bee…

Sometimes, in reading a poem, the hairs will bristle at an apparently unpeopled and eventless scene described in it, if the elements bespeak her unseen presence clearly enough: for example, when owls hoot, the moon rides like a ship through scudding cloud, trees sway slowly together above a rushing waterfall, and a distant barking of dogs is heard; or when a peal of bells in frosty weather suddenly announces the birth of the New Year.

Here, then, is Graves' response to the question "What are poets for"? Poets exist to reveal the presence of a goddess through their texts, to worship the goddess through the reading of those texts. Such worship implies the presence of Eros, and an enactment of what Eros does; and the presence of Thanatos, and what Thanatos violently withdraws from Being. So too ecological awareness and environmental consciousness help us to discern Thanatos in its civilizational translations: Thanatos, the son of night, upon whom Helios (the sun) never casts his light (Hesiod, *The Theogony*). This goddess is not a representation, not even a reference, but a figure of first intensity. (“Certain emotions or subjects find their most appropriate expression in some one particular art. The work of art which is most ‘worth while’ is the work which would need a hundred works of any other kind of art to explain it. A fine statue is the core of a hundred poems. A fine poem is a score of symphonies. There is music which would need a hundred paintings to express it... Such works are what we call works of the ‘first intensity.’” – Ezra Pound, “Vorticism”, 1914)

Thanatos is destruction. Its prevalence signifies a dark age. Poets are creatures of Eros. To the extent poetry is marginalized, the dark age is obvious.

Of course as poets it is our responsibility to tirelessly point out those acts of destruction, as if each loss were a lost love, as if the infinity of desire were at risk in this reduction to a single plain: the plain of human homogeneity, that is to say, the triumph of global capitalism, that is to say, the tragedy of the holocaust of species and of languages, that is to say, the contamination of air and water, that is to say, the earthly drowning, in both ourselves and the literally rising seas.

As poets it is our responsibility – where responsibility means the ability to respond - to renew our desires, to take nothing for granted, to not stop thirsting or reading – to remain lovers of bodies, of elements and faces, of goddesses, animals and plants, as opposed to becoming devotees of gadgets, commerce, power, our own rather prodigious experiential and fantasy lives. Who else is there but us to carry on this practice? Who else is there left to sound the complexity of language? What is marvelous about the science of ecology is the insistence of its study, which is upon the complexity and interdependence of all things, in which inanimate and animate, vegetal and with a nervous-system, are revealed as sensually and mortally intertwined. Language is just as complicated, reader and noun, author and verb, printer and poet, phoneme and symbol all interdependent, a system whose mystery is both unfathomable and transparent at once.

La poética de la "Naturaleza"

La "Naturaleza" es el inconsciente.

El sentido de esta afirmación es con frecuencia más inmediatamente claro para escultores, pintores y otros artistas que trabajan con materiales físicos que para escritores o para científicos.

Mientras uno talla en la piedra o modela la madera, lo que desea o teme sale gradualmente a la luz, lo desconocido se realiza en la forma emergente, un misterio ambiental en ese momento específico, lo no-humano que se hace realidad en su nacimiento, que ya está personificando: la imagen haciéndose más y más humana en la medida que comenzamos a moldearla a nuestra imagen, hasta el punto que "la Naturaleza", concebida como algo idéntico, está perdida. Entonces quiero identificar lo no idéntico a "la Naturaleza" para que me ayude a distanciarme de la definición de Naturaleza que quedaría puesta en contraposición con lo que hacemos.

La Naturaleza es el inconsciente. Cuando alguien toma el lenguaje y comienza a juguetear con él, ya sea de manera despistada, o a través de la escritura automática, o mediante operaciones al azar, o trabajando desde la negrura de la página, el inconsciente comienza a hacerse visible. Lo que estaba en la oscuridad llega al escenario de la luz humanamente generada. Lo que estaba enrollado en el inconsciente hace su entrada en lo social.

La distinción no es la misma que entre lo subjetivo y lo objetivo, o entre lo interior y lo exterior: es más cercana a esa diferencia entre lo salvaje y lo civilizado, excepto que sabemos que lo salvaje no existe en alguna forma pura, no desde la invención de la bomba atómica: todas las formas actuales de lo salvaje dependen de las elecciones humanas y contingentes de seguir adelante, de resistir la pulsión de muerte como tal y, por lo tanto, no son independientes de las elecciones humanas.

"La Naturaleza es el inconsciente" quiere decir que la Naturaleza está donde lo que conocemos sobre nosotros mismos como seres humanos se retira, donde no nos conocemos como seres humanos y, sin embargo, donde igualmente algo se encuentra.

Quiere decir que tan pronto como conocemos nuestra naturaleza, o la Naturaleza en sí misma, la Naturaleza ha sido cartografiada y se hace parte de lo conocido, sujeta a las leyes y a la lógica de nuestros mapas y lista para la explotación.

Un objetivo de una eco-poética podría ser evocar el objeto de la Naturaleza desde el inconsciente, sin someterlo al imperativo del conocimiento.

Las representaciones de la Naturaleza, por supuesto, no son ni naturales ni de la Naturaleza. La poesía de la naturaleza como tal está quizás a la mayor distancia de todas respecto a la Naturaleza. Solamente un arte no representacional pudo alguna vez tentar a la Naturaleza a salir a la luz, comprendiendo que en su lenguaje algo de la fuerza de ese inconsciente aumenta, sin transformase en un simulacro de sí mismo. Referencial sin dudas, pero no representacional… ¿Convierte entonces esto a la "poesía de la naturaleza" en un tipo de pornografía, reduciendo "la Naturaleza" al objeto voyeurísticamente observado y representado, en oposición a algo abarcado en toda la imposibilidad de tal abarcamiento?

Aquí hay un fragmento de la obra de Martín Buber, gran filósofo judío del siglo XX, quien habla de relación, de encuentro y de la posibilidad de la forma de un hacer lingüístico en el que el Ser no es transformado en un objeto ("Eso") o en una representación (cosa). En primer lugar, él no está seguro de que tal cosa sea posible:

> La vida con la naturaleza… Aquí la relación vibra en la oscuridad y permanece debajo del lenguaje. Las criaturas se mueven entre nosotros, pero son incapaces de venir a nosotros y el "Tú" que le decimos a ellas se clava en el umbral del lenguaje. (Buber, *Yo y tú*)

Aún así, luego escribe.

> Contemplo el árbol.
>
> Puedo aceptarlo como un cuadro: un pilar rígido en una inundación de luz, o en un verdor resplandeciente atravesado por la gentileza de un fondo azulado.
>
> Puedo clasificarlo en una especie y estudiarlo como un ejemplar típico de su estructura y de su modo de vida.
>
> Pero también puede ocurrir que, por un acto de voluntad o por inspiración de la gracia, al considerar este árbol yo sea llevado a entrar en relación con él y entonces el árbol deja de ser un Ello. Se ha apoderado de mí la potencia de su exclusividad.

Para Buber, las relaciones clave son aquellas entre el humano y el humano, y aquellas entre el humano y Dios. A pesar de eso, algo ocurre aquí más allá de la cuantificación, de la clasificación y de la explotación de un árbol. Hay una relación que se ha formado con el árbol. La relación permanece en gran parte… inconsciente. Aun así… algo ocurre. Soy atraído a una relación del entremedio, en oposición a simplemente tener una experiencia de la cosa en mí. Como poetas, nos disponemos hacia la Naturaleza. Nos volvemos receptivos cuando sentimos su acercamiento, poniendo la voluntad de lado, anhelando no dejar nuestras huellas en la cosa, no volver tal cosa un "eso" para nuestro "yo", ni un "objeto" para nosotros en tanto "sujetos": aprehender la cosa, sin una marca o una máscara humana.

"Ni una palabra dicha completamente / Sin embargo toda la belleza revelada; / Sin menciones de uno mismo / Pero la pasión muy profunda como para ser soportada", como expresa el poeta T'ang, Sikong Tu, en Las veinticuatro categorías de la poesía. Ni una palabra dicha completamente… un lenguaje dentro del lenguaje, en una base en que tal desarticulación puede ocurrir. La vanguardia poética tiene algo crucial para contribuir a la formulación de una ecología. La ecología, que nos enseña la complejidad de las interdependencias del medioambiente, nos ofrece una metáfora más fértil de lo que ocurre en el lenguaje que un paisaje de lectura, el cual le otorga el rol de dador de significado ya sea al autor o al lector.

Lo inconsciente también da a luz a muchos monstruos. No deberíamos estetizar la Naturaleza como lo bello, o imaginar el poema como la única traducción del inconsciente. Los urbanistas y los gerentes industriales creen que están tomando decisiones conscientes pero por supuesto que están –todos lo estamos– atrapados dentro de mecanismos mucho más grandes que los de esas elecciones. El inconsciente no es ni bueno ni malo. El inconsciente alberga muchos de los impulsos violentos que Freud le atribuyó. El inconsciente también alberga a Eros, que, en definitiva, es el impulso a vivir, y a vivir para encontrarse con el Otro, en contraposición a Thanatos, que es el ansia de ir hacia el Otro y destruirlo. ¿Puede que Civilización y sus descontentos, de Freud, contenga una eco-poética posible? No estoy seguro. A lo largo de la obra de Freud hay un deseo de cartografiar el inconsciente. La poesía debe permanecer como poesía, y no como mapa, para ser efectiva aquí.

Para citar a Heidegger: "¿Y para qué poetas?".

El poeta Robert Graves insiste, y yo debo insistir en recordarnos que él insiste, en que toda la poesía es escrita como una forma de culto a la Diosa Blanca. Este es un fragmento clave del libro que Graves escribió con ese mismo título…

La Diosa es una mujer bella y esbelta con nariz ganchuda, rostro cadavérico, labios rojos como bayas de fresno, ojos pasmosamente azules y larga cabellera rubia; se transforma súbitamente en cerda, yegua, perra, zorra, burra, comadreja, serpiente, lechuza, loba, tigresa, sirena o bruja repugnante… No recuerdo poeta auténtico alguno, desde Homero en adelante, que no haya registrado independientemente una experiencia de ella. Se podría decir que la prueba de la visión de un poeta es la exactitud de su descripción de la Diosa Blanca y de la isla en la que gobierna. El motivo de que los pelos se ericen, los ojos se humedezcan, la garganta se contraiga, la piel hormiguee y la espina dorsal se estremezca cuando se escribe o se lee un verdadero poema, es que un verdadero poema es necesariamente una invocación de la Diosa Blanca, o Musa, la Madre de Toda Vida, el antiguo poder del terror y la lujuria, la araña o la abeja reina...

A veces, al leer un poema, los pelos se erizarán ante una escena aparentemente despoblada y sin acontecimientos descrita en él, si los elementos indican con bastante claridad su presencia invisible: por ejemplo, cuando los búhos ululan, la luna corre como un barco a través de una nube que se desliza rápidamente, los árboles se inclinan con lentitud todos juntos sobre una cascada torrencial y se oyen a lo lejos ladridos de perros; o cuando un repique de campanas en tiempo frío anuncia de pronto el nacimiento del Año Nuevo.

Aquí, entonces, la respuesta de Graves a la pregunta "¿Y para qué poetas?". Los poetas existen para revelar, a través de sus textos, la presencia de una diosa, para rendirle culto a esa diosa mediante la lectura de esos textos. Ese culto insinúa la presencia de Eros, y la promulgación de lo que Eros hace; y la presencia de Thanatos, y de lo que Thanatos violentamente retira de la existencia. Así también, la conciencia ecológica y la conciencia ambiental nos ayudan a distinguir a Thanatos en sus versiones civilizadas: Thanatos, el hijo de la noche, sobre quien Helios (el sol) nunca arroja su luz (Hesiodo, *La Teogonía*). Esta diosa no es una representación, ni siquiera una referencia, sino una figura de primera intensidad ("Algunas emociones y temas encuentran su expresión más apropiada en un arte en particular. La obra de arte más valiosa es aquella que necesita cientos de obras de otros tipos de arte para explicarla. Una escultura atractiva es el núcleo para cientos de poemas. Un buen poema es una partitura de sinfonías. Hay música que necesita cientos de pinturas para expresarla… Tales obras son lo que llamamos obras 'de primera intensidad'." Ezra Pound, "Vorticismo," 1914).

Thanatos es destrucción. Su predominio indica una época oscura. Los poetas son criaturas del Eros. En la medida que la poesía sea marginalizada, la época oscura es obvia.

Por supuesto que como poetas es nuestra responsabilidad señalar incansablemente esos actos de destrucción, como si cada pérdida fuese un amor perdido, como si la infinidad del deseo estuviera en riesgo con su reducción a una única llanura: la llanura de la homogeneidad humana, es decir, el triunfo del capitalismo global, es decir, la tragedia del holocausto de las especies y sus lenguajes, es decir, la contaminación del aire y del agua, es decir, el ahogamiento terrenal en nosotros mismos y literalmente en los mares que crecen.

Como poetas es nuestra responsabilidad –donde responsabilidad quiere decir nuestra habilidad para responder – renovar nuestros deseos, no dar nada por sentado, no parar de anhelar y de leer, de seguir siendo amantes de cuerpos, de elementos y de caras, de diosas, de animales y de plantas, en contraposición a volvernos devotos de dispositivos, del comercio, del poder y de nuestras propias y bastante prodigiosas experiencias y vidas de fantasía. ¿Quién está allí sino nosotros para proseguir con estas prácticas? ¿Quién queda para hacer sonar la complejidad del lenguaje? Lo que es maravilloso acerca de la ciencia de la ecología es la insistencia de sus estudios, los cuales van tras la complejidad e interdependencia de todas las cosas, y en donde lo inanimado y lo animado, vegetal y con un sistema nervioso, son revelados como sensual y mortalmente entrelazados. El lenguaje es así de complicado, lector y sustantivo, autor y verbo, impresor y poeta, fonema y símbolo, todos interdependientes, un sistema cuyo misterio es insondable y transparente a la vez.

Traducido por Pablo Natale

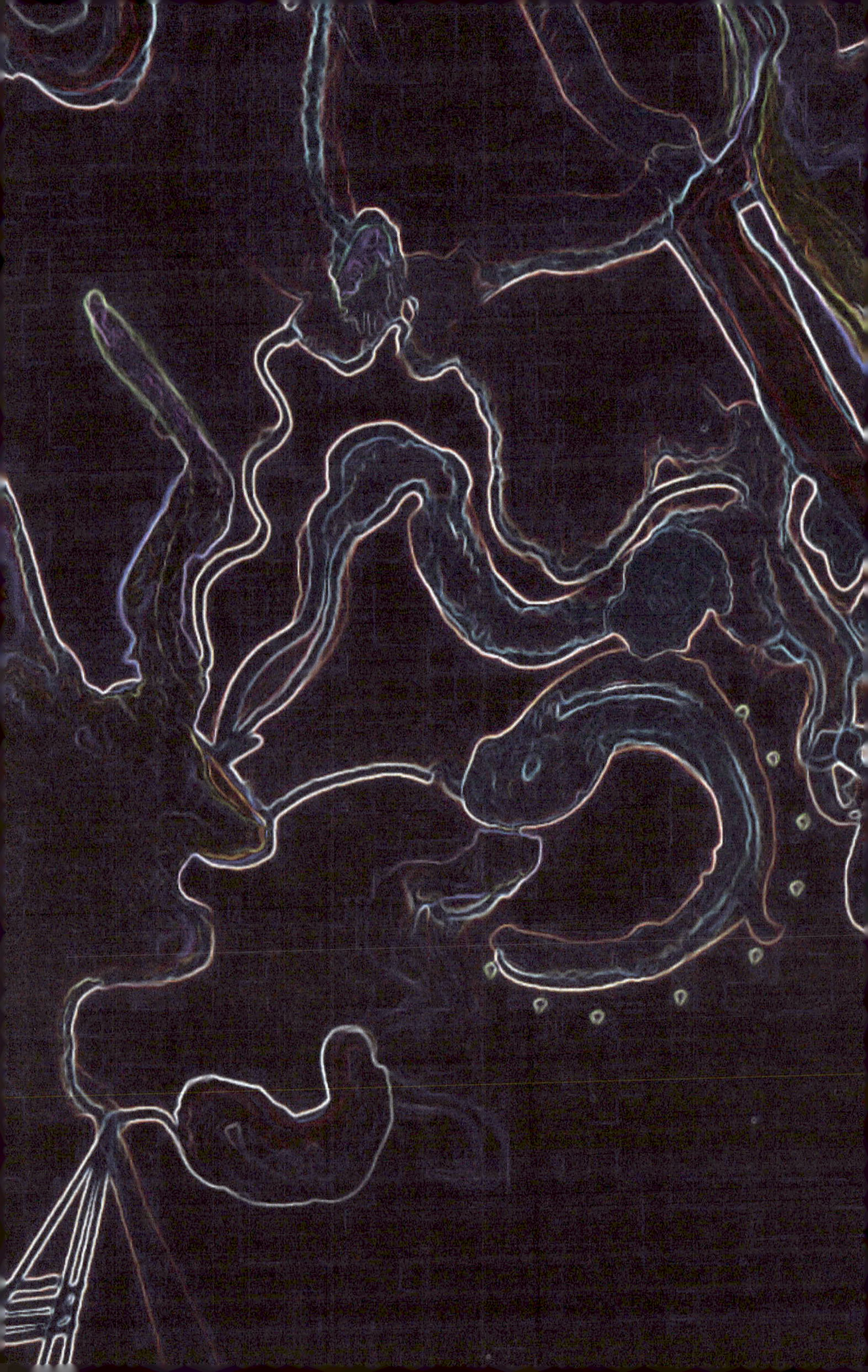

FABIÁN ÁVILA ALATORRE

The Splendor of the Hypotenuse

To Hannia and Abril

Moments, fractions, instants, and nano-parts are the energy to sail on the golden ratio constant: a spider's web that is woven in accordance with precise frequencies based on infinitesimal calculations. In that array and within integral and differential calculus, we amortize—or, to be more precise, distribute—the actions or tasks that take us to the limit. Some people call that life...

Something happens when the truth of innocence appears before the spider of digital death (equal to or worse than the physical one) blinds us with its poison: you can feel in your bowels the irreparable joy and irritable fear slowly and coldly sliding from your underbelly or second brain to the first one, the hypothalamus, managing to move the immediate neural networks to the reverse right hemisphere. After that, a feeling of icy electricity gradually overpowers the exquisite breath of a kiss or caress, erasing the bouquet and the treasured salty taste from the naked skin: dope.

At the very least, I have experienced this over the past 359 days, or the equivalent of a typical year, according to the most recent and updated Theory of Time (as confirmed by the Mayab walkers and Tesla). I have had constant sprains and incessant pains. And every time I reach orgasm, I count the spasms (I am obsessed with counting chronometrically the petite mort) and conclude that it is shrinking by one micron. However, it is also getting closer to the Lattice of Grinberg's Synthetic Theory, avoiding the cacophonous fear that the oppressors sell to those trying to flee the soma-placebo abyss.

In my surroundings, I see happy people in an unhappy world talking about trash and blathering about general calamities from fermented rye bubbles and screens that resemble expanding bullets, which increase the photosensitivity and addiction to darkness. They are blocked, mute, deaf, and staring gods whose only meaning is ambition, money, comfort, conformism, cannibalism, etc. Gods who look at us and confirm this by nodding and muttering false-nature giggles. They represent the antagonism of the dominated dreary beings.

I do not know where I have been the last 1618 days of my existence. I was aware of all of this, but I always tried to avoid it in order to appease them. Then I got tired of hurting them and sacrificing my warm dreams, so I refused to let the spider bite me and blind me forever. At that moment, I opened my red-tinted eyes and mind full of gray clouds loaded with droplets.

I do not belong to this time, to this space, to this dimension. So, I will close my eyes and cling to the nothingness until I sink into the depths of the harsh reality, where I will hide from the blessed heartless killers, where it gets harder and harder to try. As a paradox, I am now blindly sailing through the waves of a traumatic reality down here, where everything is idyll: hatred, spite, pity, and sorrow, and you can hear the stifled psychophonies of threatening ghosts. Here, my imbalance is connected to the tangible discovery of the fourth dimension and the parallel flow of the Euclidean trigonometric models, which are different from what the common eye knows.

With my third eye, I sink into the full discordance of the geological time layers where my Ananké's soul is buried and almost disintegrates. I bring together the doors between worlds—the doped known reality and this fourth dimension. Being aware that there are portals to other dimensions, I beg not to cross them as that would be enough to become more than a pierrot, to feel the waves, to breathe the heartbreak, to taste their abstract thinking, to listen to the objects' throb. No, not anymore.

Now, I fall down the Moon rabbit's hole, which shoots me towards Ra through a monochromatic corridor of sepulchral silence. There are no more sarcastic laughs or false signs with bejeweled-in-jade and gold bodies that could deceive me from missing the visible sunset at the end of the path (speeches of promises, glances behind masquerades, ineffable caresses perpetrated by those claiming to be your beloved).

Now, I have nothing left but nudity and this incessant desire for typing perplexing verses with blue and violet on the walls of my cell, which is made of enchantment, shielding, and flesh and blood—also misnamed "body"—a degradable anhydrous carcass where little lizards visit me from time to time in secret, especially at dawn. They get inside through the holes and reach the brain with the permitted intention of eating a little piece of my consciousness, reminding me about the existence of deliciousness.

Wait a minute... I must confess that I do not travel alone in the tunnels. I found other important beings: King Pakal, who met The One guiding us through the magnificent ascending spiral towards the summit of finite nothingness, fertilizing the dimensions of which I refer to, J.C, between the abyss and peak. The Superior (what can I say about him, you already know him —or at least that is what is believed), Quetzalcoatl, and finally, Anu.

And here I am, tired of tiredness. Thereby, I walk on the right side, perhaps because I have been told so by a green Zen drum and the scolding of my parents. I wander in circles and arrive at the magnetic chest, which has a synchronous gap, somewhat oblong but strong enough for an even throb with subtle guttural, pentatonic, and doric sounds.

When I opened my eyes again, I saw myself being born in a strange, four-door steam capsule. I was bathed in boiling water in total darkness among shamanic chants fleshing my old and free soul and in ancestral and millenary communication with those who invoke the demigods with soul, blues, and jazz.

Between door and door, between copal and incense, I was wrapped in clouds of exotic shapes and with fine and fragrant herbs. When I came out, I saw a pink moon guiding me through swampy paths where peaceful crocodiles live. There, among foolish mangroves diluted with shit dump and not with salt, my bare feet tasted the multicolored microscopic array of a smooth sand.

Right away, the birds greeted me with thunderous kisses. I answered them by giving little pieces of the scales of my little feet to the little fish and letting the vicious flies drink from my blood of cane liquor (since there is no Tlachicoton here, otherwise this would be a feast of cute flies—the kind that seduce everyone with their brainy language). I must confess that I kind of miss chatting with them, so to replace that nostalgia, I smear my body with little crabs; those are indeed good at caressing the crotch hair.

I do not want to blow anyone's mind, but I adore the sea butterflies greeting me as I emerge from the turquoise waters of this fiery island. A meteorite from an exoplanet that takes 6000 years to orbit the sun brought me to it. I crossed a portal by sinking my amorphous mass into the wall of the tesseract. As a result, I was vomited into this earth capsule through a quantum-two-dimensional vortex opened by a prehistoric asteroid that burned extraordinary and crazy animals. It turned them into fuel for the iron birds, whose turbines smash the souls of those saurians, sending them to the blue sky and turning it gray.

At these exact coordinates [21.521891 -87.391069], it is possible to disrupt fractions of the resonant time subject to the synchronicities that here I frame: [01:23, 05:43, 12:34, 23:45] before and after the meridian. Everything about it turns me into a night owl, an insomniac, hypnotizes me, and breaks and takes away the windows in my cranial helmet, allowing me to climb to the horizon and become free. From here, I keep an eye on the Great Star, all dressed up while showing the power of being vanquished by another body, as peaceful as violent. The Ocean.

Everything, as a whole and from my angle, creates a capricious and perfect stroke that looks like a dance between the elliptical spaceship called Earth and the elements becoming one: earth, water, wind, fire, and love. Everything is aligned, and I can finally clearly see the constellations ready for those who are willing to be hypnotized by the solar belly.

Ra has two eyes at the antipodes of two concave points, and with the five elements pythagorically aligned, any consciousness can move from one to the other. There, at the 45-degree angle between Him and me, I can see the multigrades and the fired radians forming the aforementioned angular lasers sharpened by polarity, azimuth, and elevation. I touch them, I taste them, I keep them. They jingle with the stars that begin to shine. Anyone would assume that these angles support the celestial vault to form a torque, but this is not the case—it is anti-gravitational. Everything is peace, and Mr. God is my engineer and lawyer.

Because neutrinos are so powerful, I unwittingly became a palm tree where great-tailed grackles nestled, a palm tree with coconuts that are prized by monkeys, a special palm tree that ejaculates chewing gum, pitch, and honey, gives away jute, and stores gadflies and corn husks. I am laying stupefied and impassive at the right angle and time when I finally look at him. Then I became part of this environment.

No one will be able to knock me out of this symbiotic ecosystem anymore, as I have the irremovable obsidian inside me. Through it and from my position on earth, I will see the infinite and bioluminescent seas and stellar fields. And do not be misled; it is not about the transmutation of a Kafka being or the death of an Ivan Ilyich. It is about the awakening of consciousness, about the denial of the hermit's dark night. It is about existing beyond ourselves. It is about transcending when ascending the ramp that shows up by crossing the stratosphere. Yes, over there, over the splendor of the hypotenuse.

Translated by Katzen Castro

The Puff Wastry Heart

To me

There is a land where the pores of the stones emanate love, where the ripe strawberry smell escapes from those same pores and mixes with the air loaded with the flavors of the clouds and the paths covered with dry leaves, resembling golden flakes of flour sprinkled over soft French chocolate. There, in that blessed land tilled with sugar cubes and aromatic cinnamon, is where I met the soft skin; the soft, exquisite and white skin of the Pastry Chef. An artist of incomparable creations. She is the creator of this place with her magical recipes borrowed from the same stones and sugary paths aforementioned. Yes, I am in love with love. I am in love with the atmosphere she creates when her skinny, soft, and white hands tear off a tiny piece of bread and put it in her mouth, mixing it with that imaginable margarine breath.

Obeying orders to be an officer of the thirteenth battalion, I came from the capital and arrived at this peaceful little village. Nevertheless, I consider that I came from a faraway place, attracted by the smell of her art and the sensitivity of my Cyrano's nose. Every afternoon, after shining my boots, I walked like a sleepwalker to the bakery shop as soon as the subtle smell of bread wafted through its window. And there she was, placing on the shelves the trays full of delicious delicacies, but especially full of her smile and that walk of hers that covers with lemon and orange everything in her path.

One chilly afternoon, when hardly anyone left his asylum, I sneaked in, goose-stepping, and elegantly threw my cape in front of her to get her attention right away. According to my plan, our eyes met. I took off the military side cap, revealing my head, and made a gallant gesture.

She looked at me astonished and did the same (because she had a pastry chef side cap with her), uncovering her smooth, wild, jet-colored hair, which spreads an aroma of incandescent truffles from overflowing dreams. She said to me:

– *We are not open yet, but as you have already arrived, welcome! You might want a kiss; it is the muffin that I make the best, and we'll soon run out of it.*

Putting my hand on my chest, I responded:

– *I came to know your name and take it with me, wrapped between the filaments of my insides, and if by chance I fail, I will be content just with you giving me a kiss.*

Instantly, the lady grabbed the muffin called "Kiss" and, with innocent eroticism, held it up to my mouth. I nibbled it, and Ipso facto, I was captivated by the delicious taste of its cream and sweetness. She turned around while wiping her hand with her apron, a subtle movement that displays a natural and virginal sensuality and that mesmerizes for an instant. That caused me to choke on the muffin, blushing with shame. When she realized my torment, she handed me a glass of milk and patted my back, making me cough. Once recovered but with watery eyes, I added:

- *It's amazing what a kiss can do.*

She looked at me with those bright eyes and smiled almost like a grimace, which painted her cheeks with bilirubin. I was about to articulate when suddenly I saw a Dwarf enter and loudly say good afternoon. She grabbed a tray and tongs and started choosing a variety of sweet Mexican bread, shell bread, braided bread, and some slices. I put the empty glass in her skinny hand after kissing it, leaving us speechless. After that, I walked out with my cape facing forward and my side cap placed haughtily back in its place.

That night, I imagined a thousand names, but, above all, I remembered the sensual movement when she bent her waist by turning around and wiping her hand with her apron. Such movement did not let me sleep. The next afternoon, I did not dare to go. It was raining, and I did not want to interrupt the magical moment that had been created. Besides, I had to be more tactful and avoid foolishly losing the little I had achieved by acting like a desperado, so I sent her a note with the same boy who bought the shell bread. The note had some verses:

It is impossible to only live with the delight of a kiss,
as all I want is to think
about your chest giving me that beat.

Grant me the wish to know your name
to stop being a prisoner of my bed.

To which, on a napkin, she replied:

If you are interested in knowing who I am,
you should ask like a man.

I am sending a pair of glazed breads to placate that hunger.

She sent me those through the shell Dwarf boy. Once my palate had recovered from that delicious joy, I decided to walk with my unsheathed sword to the place. I was ready to scrutinize in the waves of the wind to get, once and for all, the name of this affable Dulcinea, whose porcelain skin awaits me. However, at the door of the bakery shop, I felt dizzy and fell at the lady's feet.

Was the glazed bread manipulated? Not even in the bloodiest battle have I felt such weakness. It's amazing what a kiss can do. First, a kiss takes my breath; now some glazed bread almost makes me faint. Does there really exist such evil?

- What's happening to me, Pastry Chef? What did you give me that I am falling at your feet?

- I didn't give you anything. Sit here next to me while I take off your cloak and loosen your belt. Breathe calmly. Perhaps so much eagerness caused you such agitation. My name is Esmeralda. If you're thinking of passing out, at least my name you have. -

Indeed, so much sugar and excitement raised my blood pressure. My heart almost stopped when I heard her name. What a beautiful name! - I replied.

- Are you alone, beautiful Esmeralda?

- No, I live with my two grandmothers and my twin sister.

- How unfortunate! Tell me one thing. Was it your sister who gave me the kiss?

- Which kiss?

- That answers my question. And was it you who received my verse?

- That's correct. I was curious to know about such a fool.

Her skin is different. Her hand is not skinny. Although white it is, aesthetic it is not. Therefore, this is not the woman who intrigues me.

- Tell me, girl, what is your sister's name?

- She is resting because she had a lot of emotions yesterday.
She is forbidden to leave her bedroom. Stop asking already

- What a rude response-

- It's ten coins for the glazed bread!

- *Yes, sure* - I replied.

- Give me a croissant and a baguette as well.

I lost interest in the Pastry Chef. I believed that both twins would surely be grumblers, as they were probably cut with the same scissors when born. I stopped thinking about her by focusing only on my duties. I ordered, to have as dinner, fresh cheese, jam from the Highlands, and the croissant I bought. Water under the bridge.

The next day, barely awake, a belly cramp was torturing me. Did the bread cause this? This was malicious. Nothing has ever hurt me like this before, from daylight and moonlight until dawn. Was the delicious bread made with dirt? The thought that their products are made in unsanitary conditions hassles me. However, now I had the perfect pretext to visit her again, so I notified the Mayor's Office about a needed inspection. I sneaked into enemy territory by surprise and attacked through the emergency door. I grabbed the beautiful Pastry Chef from behind when she was putting in the oven some cinnamon rolls and some scones with salt.

- Stop right there! - I shouted, scaring the damsel, who buried her tender, innocent, frightened honey eyes on me.

I was as sensitive as a rhinoceros in a glass cage. She took her trembling hands to her mouth and hectic heart, accelerating her breathing as if she wanted to silence my swearing with a muffled scream for help. At that point, I discovered that she was the one with skinny hands and clear skin. I immediately stepped back; a strange air enlivened the fire in the oven. The light only increased to cover the scene of dreariness.

- I'm sorry, Pastry Chef. I'm not trying to attack you. I just came for an inspection, but since brutality is my military tradition, I didn't measure the consequences of a terrible action. I am at your feet and now I leave this place-

She said absolutely nothing. She was just breathing heavily, which made me feel even more embarrassed. In that moment, I remembered Napoleon, who said that you win battles against women by running away, and I did that. I was very embarrassed and extremely sorry, and no one saw me coming in or out.

The city council asked me about the inspection. I told them that it was not necessary anymore because I discovered that the ham was expired; however, I was surprised that the place was closed. The next day, the Dwarf of the shell bread delivered some news: the Pastry Chef had died of a heart attack. Her heart was fragile, and an ineffable fright took her breath away. Am I the author of this abomination?

I did not want to go to the funeral or the burial. When the ceremony took place in the streets, I leaned out of the window to see how most of the people carried her coffin between sobs. She had always been protected from emotions and had no contact with anyone until my appearance. I could not stand the Dwarf's staring; he knew that I disturbed her. I wanted to shout and cry; my honor was hitting me on the head. I took a dagger, but I was unable to execute any action. Her paternal grandmother passed away from sadness a week later, and her maternal grandmother a month after that.

Esmeralda alone was bearing the weight of losing her blood relatives, which grieved me to the point of pity. I visited her when I had the opportunity. She was devastated. She told me that the war took away their men and never returned them. I offered all my possible help to try to compensate a little for the damage I caused—which I never revealed. Besides, I had ordered the recruitment of those men in previous years. Her crying ended up cracking my soul, so I did not allow myself to leave her. After a while, I became her confidant, her friend, and her lover in order to comfort her. One afternoon, we went to her sister's grave. I discovered her name in that place. The pastry chef's name was Luz (light in Spanish), to whom I agonizingly and mutely asked for forgiveness.

This way, I leave this land of baked tragedy and head to Tel Aviv. With Esmeralda's help and without firing a single bullet, I had killed three women and caused the one still alive a very bad wound. The military force takes everything down. It decorates the cities with ruins, the people with rags, and the works of art with dust. It only leaves sorrows in me. Now, I am leaving this candy town where I buried an angel and my military career, the latter by quitting such an aberrant job. Because of love, I am no longer a soldier. Now, I will live, dedicating my work to that puff pastry heart under a noble poet's job.

Translated by Katzen Castro

El esplendor de la hipotenusa

A Hannia y a Abril

Momentos, fracciones, instantes, nanopartes del universo; es la energía para navegar sobre la constante del número áureo: una especie de telaraña que se teje bajo estrictas frecuencias en base al cálculo infinitesimal. En esa gama nos vamos amortizando, o para ser más claros, prorrateando, entre integrales y diferenciales, acciones o tareas que nos llevan al límite. Hay quienes lo llaman vida…

Desde la verdad de la inocencia hasta que nos ciega con su ponzoña la araña de la muerte digital (igual o peor que la física), en ese interludio se siente en las entrañas el gozo irremediable y el miedo irritable, ese que va discurriendo lenta y fríamente desde el vientre o segundo cerebro hasta el primero, donde está el hipotálamo, logrando transmutar las redes neuronales inmediatas al hemisferio inverso derecho. Una sensación de electricidad helada que avasalla paulatinamente el aliento exquisito de un beso o una caricia, borra el bouquet y el adorado sabor salado de la flor de su piel: droga.

Por lo menos, los últimos trecientos sesenta y nueve últimos días de la última y actualizada Teoría del Tiempo (confirmada por los caminantes del Mayab y por Tesla) y cuyo equivalente es la unidad de un año común, me he sentido así. Con torceduras constantes y dolores incesantes. Y cada vez que llego al orgasmo cuento los espasmos (me obsesiona contar cronométricamente la petite mort) y concluyo que cada vez es una micra menor, pero también cada vez está más cercano a la Lattice de la Teoría Sintérgica de Grinberg (y no al miedo cacofónico que los opresores venden a aquellos que pretender salir del abismo de los soma-placebos).

A mi alrededor observo a la gente feliz en un mundo infeliz: hablando de su basura, verbeando sobre las calamidades generales desde una burbuja de centeno fermentado y pantallas como balas expansivas que aumentan la fotosensibilidad y el vicio por la oscuridad. Bloqueados, mudos, sordos, viendo dioses cuyo único sentido es la ambición, el dinero, el confort, el conformismo, el canibalismo…, dioses que nos miran y confirman asintiendo, musitando risitas de falsa naturaleza. Son el antagonismo del ser lúgubre que se deja dominar.

No sé dónde estuve los últimos 1.618 días de mi existir. Sabía que todo esto subyacía pero siempre trabajé obedientemente para evadirlo, para mantenerlas contentas. Hasta que me cansé de herirlas, de sacrificar mis cálidos sueños, aquel momento en que me negué a que la araña me picara y me cegara para siempre. En ese instante abrí mis ojos teñidos de rojo, mi mente llena de nubes grises cargadas de gotitas.

No pertenezco a este tiempo, no pertenezco a este espacio, no pertenezco a esta dimensión. Por eso cerraré mis ojos y me sujetaré al vacío hasta caer en el fondo de la áspera realidad, ahí donde me esconderé de los benditos verdugos insensibles, donde cada vez es más difícil la procura. Paradójicamente, ahora navego a ciegas entre las olas de una traumática realidad, aquí abajo donde todo es idilio, odio, rencor, lástima, congoja, y se escuchan las ahogadas psicofonías de los fantasmas amenazantes. Donde mi desequilibrio tiene que ver con el descubrimiento palpable de la cuarta dimensión y el fluir en paralelo de los modelos trigonométricos euclídeos, muy diferentes a lo conocido por el ojo común.

Con mi tercer ojo me hundo en la discordancia absoluta de las capas del tiempo geológico donde se encuentra enterrado y casi desintegrado el alma de mi Ananké. Conjugo las puertas entre mundos desde la realidad conocida, dopada, y esta cuarta dimensión. Sabiendo que existen portales hacia otras dimensiones, ruego no transbordarlas. Es suficiente, para volverse más que un pierrot, sentir las ondas, respirar el desamor, degustar su pensamiento abstracto, escuchar el palpitar de los objetos. No, ya no más.

Ahora, caigo por el hoyo del conejo de la luna que me dispara hacia Ra por un pasadizo monocromático y de silencio sepulcral. No hay más risas sarcásticas ni falsas señales con cuerpos enjoyados en jade y oro pro que pretendan engañarme para que pierda el ocaso que se vislumbra al final del sendero (discursos de promesas, miradas tras mascaradas, caricias inefables perpetradas por quienes dicen ser tus amados).

Ahora ya no me queda nada más que la desnudez y esta terquedad por tipear perplejos versos en azul y violeta sobre las paredes de mi celda encantada, blindada, de carne y hueso: el también mal-llamado cuerpo, la degradable carcasa anhídrida donde las pequeñitas cuijas me visitan de vez en cuando en secreto, sobre todo al amanecer, y se introducen por los orificios hasta llegar al cerebro con la intención permisible de comer un pedacito de mi conciencia y recordarme sobre la existencia de la exquisitez.

Pero, un momento... He de confesar que no viajo solo en los túneles. Me he encontrado a otros trascendentales: al Rey Pakal, que sabía de Aquel que nos guía por la magnificente espiral ascendente hacia la cúspide de la nada finita, fecundando entre sima y cima las dimensiones de las que hablo, J.C. El Superior (qué puedo decir de él, ya se conocen. Por lo menos eso se cree...), Quetzalcóatl, y por último, Anú.

Heme pues aquí cansado del cansancio. Por ende, camino por la diestra, quizá llamado por un verde tambor zen y el regaño de mis padres. Vago en círculos hasta donde el pecho magnético ha abierto una brecha sincrónica, un tanto oblonga pero lo suficientemente fuerte para un palpitar uniforme con unos sutiles sonidos guturales, pentatónicos y dóricos.

Cuando abrí los ojos otra vez me vi nacer en una extraña cápsula de vapor con cuatro puertas, bañado con agua hirviente en total penumbra, con cánticos chamánicos, descarnando mi alma vieja y libre, en comunicación ancestral y milenaria con aquellos que invocan a los semidioses con el soul, el blues, el jazz.

Entre puerta y puerta, entre copal e incienso, envuelto en nubes de formas exóticas, de finas y olorosas hierbas. Al salir vi una luna rosada guiándome por senderos pantanosos donde viven los apacibles cocodrilos y entre manglares necios que se iban diluyendo con el vertedero del cagadero y no de la sal, mis pies descalzos saborearon la gama microscópica multicolor de una tersa arena.

Las aves me saludaban con estruendosos besos, yo correspondía dándoles pedacitos de las escamas de mis piececitos a los pececitos y a los viciosos moscos les dejé beber de mi sangre permeada de auténtico licor de caña (pues aquí no hay Tlachicotón, de lo contrario, esto sería festín de lindas moscas, de esas que a todos seducen con su sesudo lenguaje). He de confesar que extraño un poco charlar con ellas y para sustituir esa nostalgia me unto el cuerpo de cangrejitos, esos sí que son buenos acariciando el vello de la entrepierna.

Para asombro de nadie, amo las mariposas marinas que me dan de su aliento al emerger de las turquesas aguas de esta isla candente. Llegué a ella en un meteorito desde un exoplaneta que tarda 6.000 años en dar la vuelta alrededor del sol. Atravesé un portal por la pared del teseracto en el cual hundí mi masa amorfa. Y así fui vomitado en esta cápsula terrestre, un vórtice cuántico-bidimensional abierto por un asteroide prehistórico que calcinó a esos seres tan extraordinarios como locos, convirtiéndolos en combustible para las aves de hierro que machacan con sus turbinas las almas de los saurios enviándolas al cielo azul y volviéndolo gris.

En estas precisas coordenadas [21.521891 - 87.391069] se permite trastocar fracciones del tiempo resonante sujeto a las sincronicidades que a continuación enmarco: [01:23, 05:43, 12:34, 23:45] - antes y después de meridiano-. Todo ello me deja insomne, noctámbulo, hipnotizado, quebrando las ventanas de mi casco craneal que paulatinamente se agrieta, se aleja y descuadra, y me permite ser libre y subir a al horizonte. Desde aquí vigilo al Astro Magno vestido de gala mientras me muestra el poder de dejarse vencer en la antítesis con otro cuerpo tan apacible como violento. Hablo del Océano.

Todo, en su conjunto y desde mi ángulo, permite formar un caprichoso y perfecto trazo que más bien parece un baile entre la elíptica nave espacial llamada planeta Tierra y los elementos que se amalgaman en uno solo: tierra, agua, viento, fuego, amor. Todo se alinea y por fin puedo ver las constelaciones inscritas al pie y al orden para aquellos que están dispuestos a ver bajo trance la panza solar.

Ra, en realidad tiene dos ojos en las antípodas de dos puntos cóncavos, y con los cinco elementos alineados pitagóricamente, es posible que una conciencia se desplace de uno a otro. A los 45 grados entre Él y yo, puedo ver los multigrados, los radianes que se disparan formando los tan mencionados láseres angulares agudizados por la polaridad, el azimut y la elevación. Los toco, los saboreo, los guardo. Tintinean con las estrellas que empiezan a traslucir. Cualquiera pensaría que estos ángulos soportan la bóveda celeste para conformar un torque, pero no es así: es antigravitacional. Todo es paz y don Dios, mi ingeniero y abogado.

Son tan nucleares los neutrinos que sin darme cuenta me han convertido en palmera donde se posan los zanates, palmera con ansiados cocos por los monos, palmera sinigual que eyacula chicle, brea, miel, que regala yute, que aloja tábanos y tusas. Postrado en el ángulo exacto, en el momento preciso en el que estupefacto e impasible le puedo mirar fijamente, me convierto en parte de este entorno.

De este ecosistema simbiótico ya nadie me podrá tumbar pues tengo la obsidiana inamovible en mi interior. A través de ella y desde mi geoposición veré los infinitos y bioluminiscentes mares y campos estelares. Pero no os confundáis, no se trata de la trasmutación de un Kafka o de la muerte de un Iván Ilich. Se trata del despertar de la conciencia, de la negación de la noche oscura del ermitaño. Se trata de existir más allá de nuestras narices, de trascender, ascendiendo por la rampa que se despliega y trasgrede la estratosfera. Sí, por ahí… por el esplendor de la hipotenusa.

El hojaldre corazón

A mí

En una tierra donde el amor emana por los poros de las piedras, poros por donde se escapa un olor a fresa madura que se mezcla con el aire cargado de los sabores de las nubes y los senderos cubiertos de hojas secas, como si fuesen doradas laminillas de harina espolvoreadas por suave chocolate francés, es ahí, en esa tierra bendita labrada con terrones de azúcar y aromática canela, donde conocí la suave tez, la suave, exquisita y blanca tez de la repostera. Artista de creaciones inigualables, ella es la creadora de este lugar con sus recetas mágicas tomadas de las mismas piedras y los senderos azucarados antes descritos. Sí, estoy enamorado del amor, de la atmósfera que genera cuando con sus esqueléticas, suaves y blancas manos parte un céntimo de pan y lo introduce en la boca mezclándolo con su imaginable aliento a margarina.

He llegado desde la capital a este lugar obedeciendo órdenes para presentarme en este apacible pueblecito como encargado del treceavo batallón. Pero en realidad considero que he llegado de un lugar lejano atraído por el olor de su arte y la sensibilidad de mi cyrana nariz. Todas las tardes, después de lustrar mis botas, en cuanto escapa por la ventana de su local el sutil olor a pan, inmediatamente camino como un sonámbulo hacia la repostería, y ahí está ella, colocando en los anaqueles las charolas repletas de gustosos manjares, pero, sobre todo, de su sonrisa y un caminar que cubre de limón y naranja todo a su paso.

Una tarde fría donde casi nadie sale de su asilo, irrumpí el lugar dando un paso de ganso, lanzando mi capa al frente lo más elegante posible llamando su atención al instante. Nuestras miradas se cruzaron de acuerdo a mi plan. Me quité la cuartelera militar descubriendo mi cabeza haciendo una reverencia de galán.

Atónita me mira y hace lo propio (pues tiene con ella una cuartelera, aunque no es militar sino de pastelera), descubre su pelo terso, salvaje color azabache desplegando un aroma de trufas incandescentes de sueños rebosantes y me dice:

–Aún no hay servicio, pero por tratarse de usted, sea bienvenido, le sugiero coja un beso pues es el biscocho que más me resulta y pronto se acaba.

A lo que yo le contesto mientras llevo mi mano al pecho:

– Vengo a saber su nombre para llevármelo envuelto entre los filamentos de mis entrañas y si acaso me lo negara, me conformo con que me dé solo un beso.

En el acto, la dama toma el pan llamado beso y con inocente erotismo lo retaca en mi boca, lo mordisqueo e Ipso facto quedo cautivo en el acto por el delicioso sabor de su crema y dulzura. Ella se da media vuelta mientras limpia su mano con el mandil, movimiento tan sutil que despliega una natural y virginal sensualidad, dejándome hipnotizado por un instante. Esto provoca que me atragante con el pastelillo, enrojeciéndome de vergüenza, al percatarse de mi tormento me da un tarro de leche, mientras golpea la espalda provocándome la tos, ya repuesto, con los ojos entre llorosos, asisto

-Es increíble lo que un beso puede hacer.

Me mira con sus ojos fulgorosos, da mueca a una sonrisilla pintando de bilirrubina sus mejillas, ya estoy a punto de articular cuando de pronto veo a un enano entrar y vociferando exclama *buenas tardes.* Coge una charola, tenazas y empieza escoger ojos de vainilla, conchas, piedras, ladrillos, rebanadas y trenzas. Pongo el tarro vacío en la mano cadavérica no sin antes besarla, quedando ambos mudos, me retiro con mi capa por delante colocando mi gorra altivamente de nuevo en su lugar.

Esa noche estuve imaginando mil nombres, pero, sobre todo, recordando el movimiento sensual con el que quebró su cintura al darse media vuelta mientras se limpiaba la mano con el mandil. Ese quiebre de cadera en verdad no me dejaba dormir. A la tarde siguiente no me atreví a ir pues estaba lloviendo y no quise interrumpir el momento mágico que se había generado. Además, tenía que tener más tacto y no arriesgarme a perder en un tonto acto lo poco que había logrado quedando como un desesperado, así que le mande una nota con el mismo muchacho que compró los ojos de vainilla. La nota tenía unos versos que decían:

Es imposible vivir solo con la delicia de un beso,
se necesita más que eso
para dejar de pensar en el latir de su pecho.

Concédame el deseo de saber su nombre
para dejar de ser prisionero de mi lecho.

A lo que ella contesto por la misma vía en una servilletilla:

Si acaso le interesa saber mi nombre,
debería preguntarlo como un hombre.

Le mando un par de orejas para que se olvide de esa hambre.

Deliciosas orejas glaseadas eran ese par de ejemplares que me envió con el mozo de los ojos. Una vez recuperado el paladar de aquel suculento regocijo me dispuse a andar con mi espada desenvainada hasta el lugar, dispuesto a escudriñar en las ondas del viento y de una vez por todas el nombre de esta afable Dulcinea cuya tez de porcelana me espera, Sin embargo, a la puerta del local caigo mareado a los pies de la dama.

¿Acaso las orejas estaban trabajadas? Ni en la más cruenta batalla he sentido tal debilidad. Es increíble lo que un pan dulce puede hacer. Primero, un beso me quiere ahogar y ahora unas orejas, desmayar. ¿En verdad existe tal maldad?

- ¿Qué me pasa, repostera? ¿Qué me diste que caigo a tus pies? -

-Yo no le he dado nada. Siéntese aquí a mi lado mientras le quito la capa y aflojo su maquino, respire con calma, que tal vez tanto afán le ha provocado tal excitación. Me llamo Esmeralda, si piensa desmayarse, al menos ya sabe quién lo alberga. -

En efecto, tanta azúcar y emoción me ha subido la presión y al saber su nombre, casi se detiene el corazón. ¡Qué bello nombre! - repiqué.

- ¿Está usted sola bella Esmeralda?

– No, vivo con mis dos abuelas y mi hermana gemela.

–¡Pero qué contrariedad! Dígame una cosa, ¿es la misma que me dio el beso?

– ¿Cuál beso?

– Eso contesta mi pregunta. ¿Pero usted recibió mi verso?

– Así es. Me ha dado curiosidad por saber quién ha sido tan menso.

Pero su tez es diferente… su mano, no es esquelética. Aunque blanca, no es estética. No es entonces la mina que me intriga.

-Dígame, niña ¿cómo es que se llama su hermanita?

– Ella reposa, tuvo muchas emociones ayer,
tiene prohibido salir, ya no pregunte usted

- Qué respuesta tan grosa-

- ¡Son diez monedas por las orejas!

– Sí, claro - contesté.

-Me llevaré también un bigote y un virote de baguete.

Había perdido interés en la repostera, pues como ambas hermanas gemelas seguro estaban cortadas por la misma tijera, seguramente serían igual de refunfuñonas. Me alejé del asunto internándome solo en mis deberes y ordené que me preparasen la cena con queso de bola y jamón de la sierra con el virote comprado, dando caso cerrado.

Al día siguiente y apenas levantado, un retorcijón en el vientre me está martirizando. ¿Es que acaso me ha hecho mal el pan? Esto ya es alevoso, nunca antes me había hecho daño igual, con seguidillo cruel todo el día y noche hasta el amanecer. ¿Acaso el delicioso pan está hecho con suciedad? Me genera molestia pensar que sus productos los hacen con tal insalubridad, fabricado el pretexto perfecto para volver a intentar, por ende, aviso a la alcaldía para realizar inspección al local. Por sorpresa me introduzco al terreno enemigo y ataco por la salida de emergencia tomando por la retaguardia a la bella repostera quien en ese momento introducía al horno unos rollos de canela y unos bollos con sal.

- *¡Alto ahí*! - grité asustando a la doncella, quien me enterró sus tiernos, inocentes y asustados ojos de miel.

Mi sensibilidad era la de un rinoceronte en una cristalería, ella solo se llevaba las manos temblorosas a la boca y a su agitado corazón acelerando su respiración como queriendo acallar mis groserías con un grito sordo de ayuda, descubrí que era ella la de las manos y tez del glas, de inmediato me contuve y un aire extraño avivó el fuego en el horno y este aumentó la luz solo para cubrir de un lúgubre teñir a la escena.

-Perdonadme pastelera, no te pretendo agredir, solo vine a una inspección, pero como mi militar tradición es tan agreste, no he medido las consecuencias de terrible acción, me pongo a tus pies y me retiro en el acto-

Ella no dijo absolutamente nada, solo respiraba agitadamente, lo que me avergonzó aún más. Recordé a Napoleón, quien decía que las batallas contra las mujeres se ganan huyendo y eso hice; Estaba muy abochornado, sumamente apenado, nadie me vio entrar ni salir.

El ayuntamiento preguntó si estaba satisfecho con la inspección, les dije que ir no era necesario, pues descubrí que el jamón estaba caducado, sin embargo, quedé muy extrañado ya que el local que permanecía cerrado, al otro día una noticia sin igual del enano de los ojos de vainilla me ha marcado: la pastelera había muerto de un infarto al miocardio, pues era de frágil de corazón y un susto que no supo describir le arrancó el soplo de vida. ¿Había sido yo el autor de tal aberración?

No quise ir al funeral ni al entierro. Solo mediante el cortejo me asomé por la ventana para ver como gran parte del pueblo la llevaba entre sollozos. Siempre la habían cuidado de las emociones y casi no había tenido contacto con nadie hasta que yo la irrumpí, no resistía las miradas del enano pues él sabía que yo la perturbaba, quería gritar, quería llorar, mi honor me pegaba en la cabeza, tomé una daga y luego el mosquetón sin valor para accionar, una semana después murió de tristeza su abuela paterna, un mes después la materna.

Solo Esmeralda llevaba sola el yugo de las penas por sus consanguíneas, lo que me acongojaba hasta la lástima. A la primera oportunidad fui a verla; estaba destrozada, me explico que la guerra les había arrebatado a sus los hombres para nunca más volver, le ofrecí toda mi ayuda posible con la intención de resarcir un poco el daño que provoqué el cual nunca mencioné, también el reclutamiento de esos hombres en años anteriores yo lo ordené, Su llanto acabó por resquebrajar mi alma, a lo que no me permití ni un instante dejarla. Pasó el tiempo y me volví su confidente, su amigo, su amante con tal de consolarla, una tarde fuimos a la tumba de su hermana. Ahí descubrí su nombre, se llamaba Luz, a la que pedí un agónico y mudo perdón.

Es así como dejo esta tierra de tragedia horneada, ahora me dirijo a Tel Aviv. De la mano de Esmeralda, sin disparar una sola bala he matado a tres mujeres y otra tiene una herida muy mala. La fuerza militar lo acaba todo, viste de ruinas las ciudades, de harapos a la gente y de polvo las obras de arte. En mí solo deja penas. Me voy de este pueblecito de caramelo donde entierro a un ángel y a mi trayectoria militar desertando a tan aberrante hacer. Por amor ya no soy soldado, ahora viviré dedicando mi obra a ese corazón de hojaldre, bajo el noble oficio de poeta.

JUAN ANDRÉS GARCÍA ROMÁN

Profecía natural

La Tierra es azul porque el hombre es justo.
Es justo. Y hay lagos.
Y tienen peces

que crecen

y pájaros que son
nubecillas con patas
relampagueando
bajo la panza gris y

vuelan

a lo alto de montañas
donde silban los monjes y el aire
silbado se da la vuelta
y es primavera

y baja a los valles de los amantes
que todavía contemplan
el cielo enterrados en la hierba

siempre, siempre mirando
el cielo y soñando retrospectivamente con

el planeta encendido en el espacio,
delicado canario de una mina.
Mientras,

Natural Prophecy

Earth is blue for man is just.
Is just. And there are lakes.
And they hold fish

that grow

and birds, small storm clouds,
with feet flashing
below grey bellies

that fly

to mountaintops
where monks trill
and the trilled air
turns over
and is spring

and flows down valleys
glimpsing those who love
buried in grasses

always, always gazing
skyward and dreaming
retrospectively of

the planet burning
frail as a canary in the mine.
Meanwhile,

el martín pescador
se zambulle desde un puente de piedra
en la Tierra,

por verla azul,

porque el hombre es justo.

Pero si ya no es justo,
si el hombre ya no es justo.

Si brotan del planeta
chimeneas como radios
de una estrella
manchada de sebo
y grasa de cerradura.

Si las intoxicadas caracolas
olvidan el secreto de lo curvo
y en lugar de enroscarse
tosen toscos rellanos de escalera,

descansillos, y
bajan a sótanos
que antes dormían,
entonces,

las cavernas milenarias
aullarán con colmillos de estalactitas
mitas; el animal

antiguo, el viejo miedo,
despertará y del cielo

se va a caer una luna y

the kingfisher
dives from a stone bridge
into Earth,

seeing it is blue,

for man is just.

But if this is not so,
if man is no longer just.

If from the planet endlessly sprout
chimneys like radios
for a filthy and tallow-
stained star;
if he ceases to be just.

If the drunk conch
forgets the secret of its curve
and instead of spiraling
coughs up crude staircases,

and landings and
goes down to basements
that had been sleeping
then

the millenary caverns
will start to howl
through their stalac-tite
and -mite fangs;

the ancient animal
the old fear

shall awaken and a moon

will fall from the sky

and then another moon

se va a caer otra luna

Wy los hombres ya pueden
subirse a siete arcas, que no escaparán

esta vez, la pecera
saltará en pedazos
y los peces, desesperados,
boquearán, vocearán

la nueva era de una Tierra roja.

De *Fruta para el pajarillo de la superstición*
Valencia, Pre-Textos, 2016

and the men
even if they board a ship

cannot escape,
the fishbowl will shatter
and its goldfish in despair
shall vocalize mouthing

the new era of a red Earth.

From *Fruta para el pajarillo de la superstición*
Valencia, Pre-Textos, 2016

al desenrollar y desenrollar un tapiz en las obras de reacondicionamiento de un palacio se descubre impresionada en mitad de él una gran veladura de luz como carrete quemado que se remonta a la claridad del día más hermoso de la Tierra en concreto el veinticinco de abril de 1661 fecha en la que la Historia goteó en el ámbar el planeta flotó en el centro del cielo para medro de aves carne de reptil en flor y sobre un mar sin más contaminación que el sonido de las campanas en los puertos cruzaba el galeón del rey sí cuando el rey era el rey pero todo era libre.

during the work of restoring a palace they discover while rolling out a rolled up tapestry a great blur of light impressed at its center like an overexposed roll of film which dates back to the Earth's most beautiful day namely the 25th of April 1661 a date when History was dipped in amber the planet floated in the center of the sky for the reptile flesh blooming prosperity of birds and upon a sea contaminated only by the ringing of bells in the ports the king's galleon crossed yes when the king was the king but everything was free.

Tierra

I

Gira en un torno de alfarero
y las mañanas se persiguen hasta
la noche de la noche
en el oriente de Oriente
Amasada sobre una superficie
en rotación la esfera
es aleación del tiempo y el espacio
En los textos antiguos
se la llama jardín El movimiento
asegura que "lo que es"
se regala ¡Libre
quien lo reciba! Libre en la tierra
Libres para siempre en la Tierra
Así repetido no por rimarlo
sino porque es cierto
cada vez
de la misma manera
Van de la mano
-mirad- todas las tribus
se ve desde el espacio.

Earth

I

On a potter's wheel it spins
and mornings chase each other until
the night of night
in the east of the East
kneaded upon a spinning
surface The sphere
alloy of time and space
is in the ancient texts
called garden Its movement
assures that "what is"
is given freely
For whoever gets it!
Free on Earth
Free on Earth forever
Repeated this way not for
the rhyme but for each time
it is announced again and
again and again to be felt
as true Hand-in-hand
–look– the tribes all go
seeable from space.

II

Cada pirámide es
la punta de una estrella
Todas las culturas
del globo erigieron
sus pirámides La tierra
es una estrella

hecha de barro y
apagada en el mar
Es fea pero hermosa
el color amarillo
sumergido en azul
se pone verde

más pálido en los polos
y en el centro oceánico
con monos luego gente
en las orillas Bailan
y cantan para que
gire la tierra o
porque sí.

II

Every pyramid is
the point of a star
all cultures
of the globe erected
their pyramids the earth
is a star

made of clay and
extinguished in the sea
it's ugly but pretty
the yellow color
submerged in blue
turns green

paler at the poles
and in the oceanic middle
with monkeys then people
dancing on the shores
and singing for earth
to spin or
just because.

Translated by Nick Rattner

JOSÉ LUIS CÉSPEDES HUERTA

The Storm

"Yeah! There were crocodiles in the streets. The entire island was flooded with water one meter high. Some say that there were people missing, but no one ever confirmed it." That is how Francisco, or Pancho for his friends, ended his story. I looked at the amazed faces of the tourists listening attentively to the story. Although some of what he described did occur, not all of it did. I closed my eyes and started remembering how it all happened.

It was a Sunday morning. The entire island knew that a storm was coming from the north and that it would arrive at noon. I was offering guided tours on the beach. At about 11:30 a.m., a very large cloud was visible on the northeast horizon. It was not a bunch of them but a single, giant black cloud. According to my calculations, we had thirty minutes before it arrived, landed above us, stirred up the ocean, strengthened the winds, and brought a little rain. Usually, "north" phenomena rarely come with water. They tend to be gusts of air that make it impossible to stay at the seashore. While storing my flyers, I saw a friend speeding by on a bicycle. He pointed to the sky with his finger. "It's here! It's gonna get messy!", he warned as he continued his way. I smiled because I didn't believe him. However, in less than five minutes, the wind increased dramatically. With the squalls raising the sand, I felt my face being hit and my naked legs as I was just wearing shorts. It was impossible to see anything without glasses on.

After the cloud settled over our heads, the atmosphere became tense. You could see people picking up their stuff and running straight to the hotel. I wanted to stay, but it was complicated. The constant pounding of the sandstone was too annoying and pitiful. I packed everything, locked the door, and headed home. The island is a sandy area about two kilometers wide. Rumor has it that in the past it was a little larger, but nature claimed its space over the years. It is 42 kilometers long, with only a five-kilometer inhabited and/or central section. My home was located near the lagoon that faces the southeast. A few streets away, in the opposite direction of my house, the sea surrounds the area. On some full moon nights, along with one of these phenomena, the water level of the lake happens to flood my house. Fortunately, that was a new moon day. As soon as I got to my house and closed the door, the rain started. There were only a few drops at first, but it quickly turned into a waterspout. It happened in a flash—no more than five minutes. It looked like the worst was over.

After that, I went out to watch the gale swaying the palm trees back and forth. On the other side of the street, a coconut tree fell. A terrified little raccoon came out of it and ran away looking for shelter. Once the little animal disappeared into the mangrove, Juan, my neighbor, arrived running and screaming: "Water is coming!" he pointed to the beach. "Güey, the sea is coming!" he repeated. I couldn't see anything. "That's bullshit, man," I replied. "Only the lagoon increases its level—" I had not completed the sentence when, indeed, the salt water was already arriving. The sea was reaching its true level in the world. People began to scream. I could see some neighbors in a two-story house lamenting what was happening. "My stuff!" I remembered and left Juan standing there. The sea began to enter through the door, uninvited. The room was suddenly flooded up to forty centimeters high. I quickly shut down the energy. I was able to lift and save some objects.

It had been about ten minutes in which some people ran to and fro, desperate. They thought we would drown and disappear, swallowed by the ocean.

Soon after, the atmosphere began to calm down, so I decided with my friend to buy some beers. We gathered enough money for five one-liter beers. We flipped a coin; I lost. As a result, I had to go buy them.

"Be careful, güey. The crocodiles," he remarked with a slight smile on his face. "Bro, that's bullshit," I replied. "Güey, I'm serious." He pointed to the back of my house and added. "The sea mixed with the lagoon. Don't be surprised if you see one of those animals around here." Juan had lived here for almost all of his life. Whether this was his hometown or not, he has lived here since he was 5 years old. He is 23 now; he knew what he was talking about. "I'm dead serious, güey. Be careful. I'm not kidding," he said.

I took a backpack, the empty beer bottles to be returned, and headed to the nearest store. It was not a long journey; however, the water level just below my waist greatly hindered the mission —no more complications. When I was near the establishment, I saw another raccoon swimming in the middle of the street. I recalled the one who had fallen on his face in front of me—it was really funny. I entered the store, bought, paid, got out, and started my way back to my house. No one, or nearly no one, dared to walk through all that water. I could see a couple of guys paddling and playing in a kayak about four blocks away, having a good time. I thought that with something like that, I could have saved myself from getting soaked.

I was near my house when I heard dogs barking. The wind picked up again. The trees, mangroves, and palm trees danced to the sound of the storm. The barking intensified. I had a bad feeling. I spotted a family of raccoons swimming some meters away from me when, suddenly, a large snout with sharp teeth devoured and swallowed one of its members. Those teeth belonged to a crocodile of about one and a half meters. "Holy shit!" the words slipped out of my mouth without thinking. Words from the heart. I didn't know what to do or whether to go back or look for help somewhere. I turned around; I saw that I was close to my house. Juan screamed in terror as he looked out the window. "The crocodile is there!" The beers collided inside the backpack. That clinking brought me back to the present moment. "Be careful!" he yelled. Only bubbles were visible where the animal scene took place. I wondered what was beneath me and considered the possibility of meeting more of them. "It is over there!" he warned. I picked up the pace, and the beers collided harder. I thought they would break. I switched them from my back to my chest to walk faster. "Hurry up, cabrón!" Juan urged. I sped up my steps without turning around. If I did, I would be shocked, and it would be my undoing.

Some neighbors looked out their windows due to my friend's screams. "Pendejo, help me! Don't be an asshole!" I claimed while I was a few houses away from mine. "Yeah, yeah, sure. Should I call him or give him food?" he replied. I hurried my stride, not caring if I got completely wet. About twenty meters away, I saw the crocodile emerge. It was struggling with its prey that, dying, was wagging its tail for the last time. "Chingada madre!" I screamed. Juan showed up at the door. "Hurry up, man! You're almost here." I ran, if splashing and stumbling in the water can be called that. The animal accelerated its swim in my direction. "Güey, open the fucking door!" Juan hurried. The crocodile dove in. I was terrified and thought I was going to die. It reappeared a few meters behind at breakneck speed. I thought it would end with me there in the middle of the street, a few steps away from my house, and carrying beers. Being five steps away from my salvation, and because of the wind that was still shaking the coconut trees, I saw another raccoon clinging to a palm that slipped and fell right in front of the oviparous. This raccoon suffered the same fate as the first one. That gave me the chance to arrive home safely. You could see red bubbling where that animal had fallen, like lava from an active volcano. I walked in and closed the door behind me. "That was close, bro," I said. "Güey, if it wasn't for the raccoon, the crocodile could have torn off your leg," Juan replied. "Yeah," I said, nodding. I took one beer out of my backpack and uncorked it before turning toward the street to check. I drank from the bottle while remembering that, after all the swimming, watching, and lurking, the crocodile was left with the desire to eat me.

"So… Alegría," Pancho added, "how did it go with you in that storm? You were already living here." The mention of my nickname brought me back from my memories. I smiled, looked at all the tourists, and started the story of what happened to me.

Translated by Katzen Castro

La tormenta

-Sí, hubo cocodrilos por las calles; toda la isla se inundó con aguas como de un metro de altura. Se dice que hubo desaparecidos, no se supo en realidad-. Así terminó su relato Francisco - Pancho pa'los cuates. Miré la cara sombrada de los turistas que atentos escuchaban la historia. Si bien ocurrieron algunas cosas como las comentó, no todo sucedió así. Cerré los ojos y empecé a recordar cómo pasó.

Domingo por la mañana, toda la isla sabía del norte que arribaría al mediodía. Me encontraba vendiendo tours en la playa. A eso de las 11:30 a.m, al horizonte y del lado noreste se veía una grandísima nube, no era un conjunto de ellas, sino una sola: gigantesca, negra. Según mis cálculos, tendría treinta minutos antes de que llegara, se posara por encima de nosotros, alborotara el océano, arreciara los vientos y trajera un poco de lluvia. Por lo general; cuando son fenómenos del "norte", es raro que vengan acompañados de agua, comúnmente son ráfagas de aire que imposibilitan permanecer a la orilla del mar. Mientras guardaba los anuncios, vi pasar a toda velocidad en bicicleta a un amigo. Señaló al cielo. -Ya está aquí. Se va a poner feo- dijo mientras continuaba con su camino. Sonreí porque no le creí. Sin embargo, en menos de cinco minutos, el viento aumentó en un instante. Con borrascas que levantaban arena, sentí golpearme el rostro y las piernas desnudas por el short. Imposible intentar mirar sin gafas puestas.

Después que la nube se posicionó sobre nuestras cabezas, el ambiente se tensó. Podías ver a las personas recoger sus cosas y correr directo al hotel. Quise quedarme, era complicado. El golpeteo incesante de la arenisca era demasiado molesto y lastimero. Guardé todo, cerré y enfilé a casa. La ínsula, realmente es un arenal de aproximadamente dos kilómetros de ancho; se comenta en el pasado era un poco más grande, pero la naturaleza con los años pareciera reclamar su espacio. De largo cuenta con cuarenta y dos kilómetros, donde la única parte habitada y/o céntrica es de cinco kilómetros. Mi hogar se encontraba cerca de la laguna que da al sureste. Del lado contrario a mi domicilio y, a unas cuantas calles, nos encontramos rodeados del mar. Hay ocasiones de luna llena donde, aunado con alguno de estos fenómenos, la creciente del lago se presenta inundando mi morada. Afortunadamente, aquel día era de luna nueva. Apenas llegué al cuarto donde vivía y cerré la puerta, la lluvia inició. Primero fueron gotas leves, pero en un santiamén arreció a tromba. Pasó muy rápido, ni cinco minutos duró. Parecía, lo peor había ocurrido.

Salí de casa a mirar como el vendaval mecía las palmeras de un lado a otro. De un cocotero que da al frente un pequeño mapache cayó, y buscando refugio, salió despavorido. En el momento que el animalito desapareció entre el manglar, Juan, mi vecino, llegó corriendo y gritando. - ¡Ahí viene el agua! - señaló en dirección a la playa. – Güey, se está metiendo el mar- repitió. No alcanzaba a mirar nada. – ¡Estas pendejo! -. reviré. –La que sube y se mete, es la laguna-. No terminaba de completar la frase cuando, en efecto, el agua salada demandaba lo suyo. Su verdadero nivel en el mundo. Empezaron a escucharse los gritos de la gente. Alcancé a mirar como unos vecinos en una casa de dos pisos se lamentaban por lo acontecido. – Las cosas de la casa- rematé y dejé a Juan ahí de pie. El mar empezó a ingresar por la puerta sin ser invitado. De la nada, el cuarto se encontró inundado hasta por cuarenta centímetros de altura. Fui rápido a bajar el "brake" de la electricidad. Logré levantar y salvar algunas cosas.

Transcurrieron alrededor de diez minutos. En ese lapso, algunas personas corrían de aquí para allá, desesperados; creían nos ahogaríamos y desapareceríamos tragados por el océano.

El ambiente se tranquilizó un poco. Decidí con mi amigo comprar algunas cervezas. Cooperamos, juntamos lo suficiente para unas cinco chelas de litro. Echamos un volado, perdí. Por consecuencia, me tocaba ir.

-Ten cuidado, güey. Los cocodrilos- comentó con leve sonrisa en su rostro. –No digas mamadas- respondí. –No es mame, ahora- y señalado a la parte de atrás de mi hogar, continuó. –El mar se mezcló con la laguna. No te sorprendas que se haya pasado uno que otro de esos animales. Juan tenía viviendo casi toda su vida aquí. Si no era nativo del lugar, desde los cinco años y, ahora con veintitrés, sabía lo que hablaba. –Es en serio, güey. Ten cuidado. No te bromeo- acotó.

Cogí una mochila, los envases de caguama y me enfilé a la tienda más cercana. No era mucho recorrido, sin embargo, el nivel del agua, por debajo de la cintura, obstaculizaba mucho la misión. El camino de ida no presentó complicaciones. Cuando me encontraba cerca del establecimiento, observé otro mapache nadar a mitad de la calle. Recordé al que había caído de bruces frente a mí- fue verdaderamente gracioso. Llegué a mi destino, compré, pagué y salí de ahí. Emprendí el regreso. Nadie o casi nadie se animaba a caminar en medio de toda esa agua. A lo lejos, como a cuatro calles de distancia pude ver a un par de chicos que remando y jugando en un kayak, se divertían. -Con algo así, podría haberme ahorrado la empapada-. Pensé.

Cerca de casa escuché el ladrar de los perros. El viento retornó con fuerza. Los árboles, mangle y palmeras bailaban al son de la tormenta. Los ladridos se intensificaron. Presentí un mal augurio. Reconocí a varios metros de mí a una familia de mapaches que nadaban y, de repente, un gran hocico con dientes afilados, pertenecientes a un cocodrilo de aproximadamente metro y medio; devoraba y tragaba de un bocado a un integrante de esa prole. - ¡Puta madre! -, se me escaparon las palabras de la boca, sin pensar. Nacidas desde el alma. No sabía si regresar, buscar ayuda en alguna casa o qué hacer. Di media vuelta, vi que estaba cerca de mi hogar. Juan miraba desde la ventana y gritó horrorizado. –El cocodrilo está ahí - las caguamas chocaron dentro de la mochila, aquel tintineo me retornó a la realidad. –Ten cuidado-, vociferó. Donde se llevó a cabo la escena de los animales, sólo se veían burbujas. Imaginé lo que pasaba debajo de mí y creí en la posibilidad de que hubiera más. –Allá está- torció a decir. Aceleré el paso, las cervezas chocaron más fuerte. Pensé que se romperían. Las cambié de mi espalda al pecho para caminar deprisa. –¡Apúrate, cabrón! -, clamó Juan. Aceleré mis pasos, sin voltear, si lo hacía quedaría en shock y sería mi perdición.

Algunos vecinos se asomaron ante los gritos de mi amigo. –¡Ayúdame, pendejo! ¡No chingues! -dije mientras me hallaba a unas cuantas casas de la mía. – ¿Ajá y qué hago? ¿Lo llamo, le doy comida o qué? -, respondió. Apresuré la zancada, no importaba mojarme por completo. Como a veinte metros, observé al cocodrilo emerger; batallaba con su presa que, moribunda, movía su cola por última vez. –¡Chingada madre! - grité. Juan apareció en la puerta. –¡Date prisa, pendejo! Te falta poco- corrí, si a eso se le puede llamar ir chapoteando y dando tumbos en el agua. Aquel animal, aceleró su nado hacía mi dirección. –Abre la pinche puerta, güey-. Juan se apresuró. El cocodrilo se sumergió; me sentí presa del pánico y a punto de morir. A velocidad increíble, éste apareció a escasos metros detrás. Creí que acabaría conmigo; ahí a mitad de la calle, a unas cuantas pisadas de llegar a mi hogar y con cervezas en mano. Estando a 5 pasos de conseguir mi salvación, y por el viento que aún sacudía a los cocoteros, de reojo miré otro mapache aferrarse a una palma que resbaló y descendió justo frente al ovíparo; corrió la misma suerte que su antecesor. Eso me dio opción de llegar a salvo. Un burbujeo sanguinolento cual lava de volcán activo se observaba donde había caído aquel animal. Entré, cerré la puerta tras de mí. –Estuvo cerca, güey- dije. –No mames, si no fuera por el mapache, seguro el cocodrilo te arrancaba una pierna- contestó Juan. -Y sí- moví la cabeza aprobando. Saqué una caguama de la mochila, la destapé mientras volteaba a la calle para checar lo que ocurría. Bebí de la botella y recordé al cocodrilo que, nadando, vigilando y acechando, se quedó con las ganas de una parte de mí - pensé al darle un trago al envase.

-Entonces, Alegría- dijo Pancho - ¿cómo te fue en esa tormenta? Ya vivías aquí-. El que mencionara mi apodo me sacó de mis tribulaciones. Sonreí, miré a todos los turistas y empecé el relato de lo que me pasó.

NICK RATTNER

En flor

Me gustaba rondar por la colonia
de aquel magnate del petróleo cuando
salía de casa a comprar cigarrillos
en la gasolinera como un indeseado
huésped en una boda en la que solamente
se arruinaban las vidas de los otros.
Las gigantescas ramas de encinos siempreverdes
sobresalían formando un confortable túnel,
una isla entre fondos billonarios
creada con el fin de redimirlos
del huracán, oh formas lánguidas de virtud.
Los reflectores de 500 vatios sumergidos en hierba
alumbraban sus ramas desde abajo,
lanzando así manos de encino al cielo
donde, igual que azafatos, dirigían
nubes a plazas privadas de aparcamiento.
Mientras, yo me estiraba para observar los cúmulos,
junto a los lamborghinis y rolls royces
y distraía mi asombro
o también espiaba por las ventanas Windsor
o por un mirador ultramoderno y de doble panel
y conseguía evocar los pensamientos
suicidas apilados hasta el techo en armarios
solo para zapatos, mientras los aspersores
pronunciaban cortantes, repetidas ordenanzas nocturnas:
había que ejecutar a los indígenas activistas del agua
combinando su asfixia a medianoche
con el alivio procurado al césped.

Bloom

I enjoyed curling
through the oil baron enclave
I lived by to buy cigarettes
at a Valero like an uninvited guest
at a wedding where only
other people's lives were being ruined.
Overhanging live oaks limbs
formed a tunnel so soothing
a special fund among the uber rich
was initiated to save them from hurricanes,
such languid forms of virtue.
500-watt sconces sunk in the grass
illumined their limbs from below,
extending oak hands into the sky
where like attendants they directed
clouds to reserved parking spaces.
Craning to observe cumulous
Lamborghinis and Rolls Royces
I distracted myself with awe.
Then gazing into Windsor windows
or a double paned ultra-modern bay
thoughts would arrive of the suicides
stacked to the ceiling in closets
built just for shoes, as sprinklers
in stiff nightly rounds repeated orders
to execute indigenous water activists,
their garroting at midnight
bringing succor to the lawns.

Una vez me tendí sobre aquel césped
y me puse a medir el cielo en los diamantes
que producía la mímica de mis dedos.
Pero de pronto una verberación
de automóviles manó por mis oídos,
arrastraba difuntos activistas de derechos del agua
a soirées del jardín en las que recaudaban
en su honor capitales.
Sí, los muertos
retornaban o, por mejor decirlo,
nacían con bocas hechas
solo para el silencio y el asombro.
Distinguí
que al final los encinos siempreverdes formaban
un único y gigantesco canal de parto
y por él lentamente iban llegando
reflectores y casas.
Y hasta yo fui un niño
que nacía gemelo a luces y automóviles
y cada gota de lluvia era una nueva vida
rompiendo su recinto en mi mejilla.

Traducido por Juan Andrés García Román

One time I lied down on a lawn
measuring new holes in the sky
with diamonds my fingers could make.
A verberation of cars flowed
between my ears carrying dead
water rights activists to backyard soirees
at which funds were being raised
in their honor.
Yes, the dead
were coming back, or rather
they were being born with mouths
built for silence and awe.
I could see
at last that the live oaks formed
a single gigantic birth canal
through which lights and houses
were arriving.
Even I became a child,
twin to the cars and the lights,
and each drop of rain was a new life
breaking its enclosure on my cheek.

LONICA HENNEBURY

Blue Deer[1]

I appeared from beyond the flowers
Palpable dream   premonitory crown

I am the dawn

I open   intangible pathways
I unveil   ancestral secrets

Covered in dew
Garnished with jewels   ephemeral and countless

The desert shimmers in my light

Wixárika Legend

Venado azul[2]

Llegué desde las flores
Sueño palpable   aureola premonitoria

Soy el alba

Alumbro   caminos intangibles
Desvelo   secretos ancestrales

Abrigado por el rocío
Adornado con joyas   efímeras e innumerables

El desierto centellea en mi luz

Leyenda Wixárika

1] Lonica Hennebury's poem titles are also the titles for the works in *The Vanishing* series for which the whole image or a detail is reproduced with each poem.

2] Los títulos de los poemas de Lonica Hennebury se corresponden con los títulos de las pinturas de la serie *Los desaparecidos*, las cuales son reproducidas, por entero o en detalle, con cada poema.

Comet Point

They run   joyful
Tongues out   ears up
By the shore   painted - noisy foam
With drops of mango and sunshine

They jump   playful
Eyes vibrant   paws light
Towards the forgotten point - comets flare
To rejoice in light of the green flash

Punta cometa

Corren   alegres
Lenguas afuera   orejas arriba
Por la orilla   pintada - espuma ruidosa
Con gotas de mango y de sol

Brincotean   traviesos
Ojos vivaces   patas ligeras
Hacia la punta olvidada - cometas estallados
A regocijarse en la luz del rayo verde

Awakening

Splendid medicine   amongst thorns   peaceful
Brilliance dawning   slow soundless   fragile
Silver linings silent   on cracked soil
Serpent of the sun   rise

Emerald rose azur

Feathers   fearless   float
Sacred messenger   from the other world   divine
Moisten our souls   dry earth   germinating
Tepid rain glistens   delicate gems
Hope pearlescent   untethered

Mexica Legend

Despertar

Medicina espléndida   entre espinas   pacíficas
Brillantez amanece   lento etéreo   frágil
Luz de esperanza   callada por el suelo agrietado
Serpiente del sol   asciende

Esmeralda rosa azur

Pluma silenciosa   flota
Mensajero sagrado   del otro mundo   divino
Humedece las almas   tierra seca   germinada
Lluvia tibia reluce   delicadas gemas
Anhelo nacarado   desatado

Leyenda Mexica

Iridescence

Dazzling scales   evening sky   crepuscular calm

Turbulent synchronized chaotic frenzy mounts
RoughskinColdbodiesAgilefinsScandalouswaters

Iridescent bubbling   culminates in a languid dance   and fades

Iridiscencia

Relucientes escamas   cielo vespertino   sosiego crepuscular

Alboroto caótico frenético repentino sincronizado
PielesásperasCuerposfríosAletaságilesAguasescandalosas

Iridiscente burbujeo   culmina en baile lánguido   y se desvanece

Golden Moment

Two cormorants sly
One burly ally winged
At the sunset dock
Wet wood rusty nails ornithological excrement
Before them a multitude of fish jumps bewildered
Reckless a glad offering to their predators
Shining invitation declined
The feathered trio satisfied quiescent
Bellies full day's end
Enjoy the display glistening before the evening sun
The smallest fish curious innocent approaches
The birds without appetite without desire
The fish without fear without resentment
Together for a golden moment
Swathed in light

Convivencia dorada

Dos cormoranes astutos
Otro corpulento aliado
En el muelle del atardecer
Madera mojada clavos oxidados excremento ornitológico
Frente a ellos una multitud de peces salta atolondrada
Imprudente ofreciéndose buenamente a sus depredadores
Esplendorosa invitación declinada
Los tres emplumados repletos quietos
Panza llena fin de jornada
Disfrutan la diversión resplandeciente frente al sol tardío
El pez más chiquillo atrevido inocente se acerca
Los pajarotes sin apetencia sin deseo
Los peces sin miedo sin rencor
Juntos por un instante dorado
Envueltos en luz

Intruder

They gathered at sunrise   They were punctual   The talks began swiftly
Muddy shade   noisy mangrove   warm air
The morning breeze dispersed amidst branches and aerial roots
Midges and mosquitos   present
Shining ivories   penetrating glances   empty bellies

An intruder had arrived   intentions unknown
Wings   paws   tails   claws   eyes   beaks   feathers   conversed suspiciously
The ether filled with commotion

What was it? What did it want? What was it doing here? Where was it from? Was it alone? How had it arrived? And, most importantly...What were they going to do with it?

Intruso

Se juntaron al alba   Llegaron puntuales   Empezaron las pláticas sin demora
Sombra fangosa   mangle zumbido   aire caluroso
La brisa matutina se dispersó entre ramas y raíces aéreas
Chaquiste y mosco   presentes
Marfiles brillosos   miradas penetrantes   panzas vacías

Un intruso había llegado con intenciones desconocidas
Alas   colas   garras   ojos   patas   picos   plumas   dialogaban sospechosos
El éter se llenó del bullicio

¿Qué era? ¿Qué quería? ¿Qué hacía aquí? ¿De dónde arribaba? ¿Venía sólo? ¿Cómo había llegado?
Y sobre todo… ¿Que iban a hacer con él?

Wanting to Die

Immortality:
We don't need you
Go to the otherworld
With the energies and the spirits
With the cosmic dusts   grey and frigid
Abandon us   Leave us in peace   Let us die   Free us
Let us be brilliant stars
That one day   extinguish

Zulu Legend

Querer morir

Inmortalidad:
No la necesitamos
Váyase al ultramundo
Con las energías y los espíritus
Con los polvos cósmicos   grises y fríos
Abandónenos   Déjenos en paz   Libérenos ante la muerte   Suéltenos
Permítanos ser estrellas centellantes
Que un día   se apagan

Leyenda Zulú

Liquid Soul

Sunset   in your radiant breast   blue depths   unreachable
Latent obscurity of your soul   enveloped in opaque light
The limpid auras of your memory interlace

Alma líquida

Atardecer   en tu pecho radiante   hondura azul   inalcanzable
Penumbra latente de tu alma   envuelta en luz opaca
Se enlazan las auras límpidas de tu memoria

Fertile Earth

Miniscule hearts germinate   break the surface
They beat so quickly... Cutucutucutucutucutu

Concealed, they palpitate and prosper
So shiny, so small, so tender... Cutucutucutucutucutu

Who would have planted these tiny, pink hearts in this heavy, humid earth?
Why would they have put them here?   So vulnerable...

They are the tender fruits that fall, un-ripened, from the branches
The custodian angels of darkness
The guardians of light.   So resistant...

Protect them, you the feathered keepers of the coastal forest
Care for them with the power and mystery of the jungle... Cutucutucutucutu

Tierra fértil

Diminutos corazones germinan   rompen la superficie
Laten rapiditos... Cutucutucutucutucutu

Disimulados, palpitan y prosperan
Tan brillosos, tan chiquitos, tan tiernos... Cutucutucutucutucutu

¿Quién habrá sembrado esos corazoncitos rosados en esa tierra húmeda y pesada?
¿Para qué los habrá puesto allí?   Tan vulnerables...

Son los frutos tiernos que caen solitos de las ramas
Los ángeles custodios de la tenebrosidad
Los guardianes de la luz   Tan resistentes...

Protéjanlos ustedes, los vigilantes emplumados del monte costero
Cuídenlos con el poder y el misterio de la selva... Cutucutucutucutucutu

The Two Magueys

We are old now, my star
Stay by my side, don't ever go far

They put this damned fence here, so tight up against us
But between you and me, our closeness is precious

You see that path there, the one up ahead, the one behind?
Well, here in the middle, stalks intertwined
The immensity of the sky is divine

You are the prettiest and the goodest in all this arid land
Though I have seen you scratch up some thin-skinned idiots
And graze a few wrinkled and deserving bigots

Lean up against me, little thing, and don't leave my side, ever
A poor desolate soul would I be, of sadness overflowing forever

So, come closer, firmly bound you and me
Let the cold night come... Together we'll be warm you'll see

Los dos magueyes

Ya, corazón… ya somos viejos
Quédate a mi lado, no te vayas lejos

Nos pusieron esa maldita reja, que ahora nos aprieta
Pero entre tú y yo, que no haya nunca grieta

¿Ves ese camino? ¿El de atrás, el de adelante?
Pues aquí, en medio, con nuestras pencas enlazadas,
el cielo es abundante

Eres la más 'uena y la más bella
que en esa aridez discierno,
aunque sí, te he visto rasguñar a más de un tierno

Respáldate en mí, chiquilla, y no te vayas, nunca, de mi lado
La tristeza me llenaría hasta desbordar como un pobre desolado

Así que, acércate más, para estar tú y yo apretaditos
Y que venga la noche fría... juntos, estaremos calentitos

Aimless

The wind rises   The boat sails away   Hurried   Leaves behind
the day
Abandons the light   Pristine
Remoteness awaits him
Blazing   He disappears   in the distance

The crepuscule swallows him   whole

Sin rumbo fijo

El viento se levanta   El velero se aleja   Apresurado   Deja atrás el día
Abandona la luz   Cristalina
La lejanía lo espera
Fulgurante   Desaparece   en la distancia

El crepúsculo lo traga   entero

Rare Gem

At the shore   an unusual bone floats in the seafoam

Diamonds   emeralds   rubies   topazes   sapphires
and the finest gems
With their precise facets and their desirable densities

Do not outshine the stunning   impressive
distinguished refinement
Of this highly coveted specimen of calcium

Modest and elegant

Hallazgo

A la orilla   un hueso insólito flota en la efervescencia

Diamantes   esmeraldas   rubíes   topacios   zafiros
y las demás gemas finas
Con sus facetas precisas y sus densidades deseables

No le quitan lo asombroso   lo impresionante
lo distinguido
A este espécimen tan codiciado de calcio

Modesto y elegante

Green Flash

Captures
Dominates
Excites
Hypnotizes
Leaves breathless
Renders submissive
Tames
Obliges a smile
And cuts you loose
Without so much as announcing its departure

Rayo verde

Amansa
Captura
Domina
Deja sin aliento
Emociona
Hipnotiza
Vuelve sumiso
Da sonrisa
Y te suelta
Sin siquiera anunciar su partida

Oaxacan Flower and Chards of Moonlight

In the night
Tender flowers   open
To the moon   round bright
My living souls   glow   bathed in astral nectar
Elixir   jubilant   accidental

Flor oaxaqueña y chispas de luna

Por la noche
Flores tiernas   abiertas
A la luna   redonda iluminada
Mis almas orgánicas   fulguran   bañadas en néctar astral
Elixir   alegre   accidental

The Vanishing

Fable of an indigenous culture

Method

This ongoing series began in Zipolite, Oaxaca. At the moment of lucid dreaming that precedes waking, a vision of a massive, blue deer appeared at my forehead, very close to me, face to face. I felt so small as I looked up towards it. I awoke with this powerful and lingering scene. A week earlier, I had primed a canvas in tones of washed blues and a few spots of quinacridone magenta. I had to trace that deer, on that specific canvas. I recalled the stroke of darker blue at the bottom that would be its muzzle. I began immediately, with barely enough daylight to see what I was drawing. The image seemed impatient to get on the cloth. I didn't yet know the path I wished to explore with an ensemble of twenty canvases in the six months ahead. I started painting. Inspiration could find me later.

First step: I prepared the base coats of the twenty canvases, using a different colour and its varying tonalities for each one. Second step: without any decision making or cerebral effort on my part, I would choose 6 tubes of paint with my eyes closed. I would then apply a second coat in these colours with loose and lively brushstrokes. I repeated this process with each canvas. I also took great pleasure in painting with my eyes closed on numerous occasions. Spontaneously, an almost palpable ecology appeared on each canvas, as though an unexpected dialogue was occurring between species, observed by a witness. Third step: the lines and forms came on their own. The eyes, bodies and souls of each animal would define themselves organically, as if they had been waiting in each particle of pigment, in each tube of paint. My hand and pencil let themselves be guided around the canvas as figures evolved. Fourth step: I painted the contours and spaces between the animals that had emerged. Each animal carried words, as if telling its story. I kept note of these words. They evolved into a bilingual series of poems.

During this intuitive and visual creative process of surrender, the intellect was superfluous. My subjectivities could not interfere in what was happening. The absence of intellect was liberating. I simply had to follow the shapes and tonalities that presented themselves on the canvas and paint until my whole body ached. I worked intensively during the first several months; non-stop from dawn to dusk. Tacitly, that was the deal.

Theory

In retrospect, this series is a culmination of my youth, urged by my deepest motivations. Since childhood, I have been a passionate naturalist and volunteer, involved in the arts, ecology and human rights with a focus on children and indigenous empowerment. *The Vanishing* encompasses several aspects of my participation in this work to date.

Visually, the flora and fauna of an ecosystem is what dominates this series. We can note the contours, like auras, of colourful and lively animals. Moving closer, we perceive the absence of realistic detail on the species. We see that, in reality, there is no animal and that its insinuated presence exists only by the context of its surroundings. The space is what suggests a vanishing; what was once there, is no longer. What remains and what we perceive, is its essence.

Several months later, I began investigating the biology and symbolism of these animals that had appeared from nowhere. Mystified, I understood that a strange occurrence was in the making: although I knew not of their existence, I was painting ancient legends from various indigenous cultures.

Concept

Beyond a seemingly luminous or playful esthetic, *The Vanishing* exposes a cruel, sick and hurtful character of our humanity, of which we are simultaneously predator and prey. It suggests a nauseating struggle on the planet of waters.

I didn't conceptualize this collection at the beginning; I just painted. Even today, I continue to interrogate and understand fragments of its meaning. The concept presented itself tardively: looking at all the paintings together one day, I was moved to tears as it all unfolded before me. This work was about something painful. What has this ferocious world done, using humans as a tool for the annihilation of its souls? Is it too late to repair the damage, or to at least lessen the deterioration that our humble hands have produced? Forests burn, wetlands dry up, lakes evaporate, oceans plastify, contaminated. Entire cultures, groups, bloodlines and languages die, assassinated. Species of animals and plants become extinct, suffocated. Children worldwide disappear, abducted.

This is our ecology. Threatened. Destined to vanish.

As a mother, the worst threat – of which we never wish to think, of which we never wish to speak – is any sort of harm inflicted on our children. Our children's safety and wellness are the foundation of our happiness.

And what of the parents who have experienced the worst? Those whose children have vanished.

This collection is dedicated to the many children who have disappeared in terror; young beings who have been taken from their families by the hands of another human. This work is for those parents who continue to search for their lost children and for those who have stopped searching.

Proceeds from the sale of this collection will be donated to missing children's charities in Mexico.

Tacitly, that was also the deal.[1]

1] Inquires: www.lonica.art / +33608975934 / Fb: Lonica Hennebury / Instagram: lonica.art

Los desaparecidos

Fábula de una cultura indígena

Método

Esta serie de obras en continuo comenzó en Zipolite, Oaxaca. Justo en el momento de sueño lúcido que precede el despertar, apareció una visión de un inmenso venado azul, cerca de mí, frente a frente. Me sentía tan pequeña mirándolo desde abajo... Desperté con ese retrato poderoso y persistente. Una semana antes, había preparado un lienzo con tonalidades de azul y unas puntitas de magenta quinacridona. Tenía que trazar ese venado en este lienzo. Empecé enseguida, con apenas bastante luz para ver lo que dibujaba. La imagen parecía impaciente por plasmarse en tela. Aún desconocía el camino que quería emprender con un conjunto de veinte lienzos durante el período de seis meses que seguiría. Empecé a pintar. La inspiración me alcanzaría después.

Primera etapa: preparé las bases de los veinte lienzos, con un color distinto para cada uno. Segunda etapa: sin tomar decisiones, sin esfuerzo cerebral por mi parte, escogía seis tubos de pintura con los ojos cerrados. Con ellos, pinté una segunda capa utilizando brochazos sueltos y enérgicos. Repetí ese paso con cada lienzo. También disfruté de pintar con los ojos cerrados en numerosas ocasiones. Entonces, espontáneamente, de cada cuadro salía una ecología casi palpable, como si ocurriera un diálogo inesperado entre especies, que observa algún testigo. Tercera etapa: las líneas y formas llegaron solas. Los ojos, cuerpos y almas de cada animal se definían de manera orgánica, como si hubieran estado esperando dentro de cada partícula de pigmento, en cada tubo de color. Mi mano y el lápiz se dejaban llevar a través del lienzo mientras se revelaban las figuras naturalmente. Cuarta etapa: pinté los contornos y espacios entre los animales que habían emergido. Cada animal traía palabras, como si contara su historia. Tomé nota de esas palabras, se volvieron una serie de poemas bilingües.

Durante este proceso creativo visual en el abandono intuitivo, el intelecto era superfluo. Mi subjetividad no oponía obstáculo a lo que estaba pasando. La ausencia del intelecto era liberadora. Simplemente tenía que seguir las líneas y las tonalidades que se presentaban en el lienzo y pintar hasta que me doliera todo el cuerpo. Trabajé intensamente durante esos meses, del alba al atardecer -sin parar. Tácitamente, este era el acuerdo.

Teoría

En retrospectiva, esta serie es una culminación de mi juventud impulsada por motivos profundos. Desde la infancia, soy naturalista y he ejercido el voluntariado apasionadamente, involucrada en las artes, la ecología y los derechos humanos con enfoque en la niñez y en el indigenismo. *Los desaparecidos* abarca los diversos aspectos de mi empeño en este trabajo hasta ahora.

Visualmente, la flora y fauna en un ecosistema es lo que domina la obra. Podemos notar los contornos, como si fueran auras, de diversos animales coloridos y vivos. Acercándonos, percibimos la ausencia de detalles realistas en las especies. Vemos que, en realidad, no hay animal y que su presencia insinuada solo existe por el contexto ambiental. El espacio sugiere un desvanecimiento; lo que posiblemente estuvo, ya no está. Lo que permanece y lo que percibimos, es su esencia.

Unos meses después, empecé a investigar detalles biológicos y simbólicos de los animales que habían aparecido de la nada en los lienzos. Perfleja, entendí que una extraña ocurrencia se estaba produciendo. Aunque no las conocía, había estado pintando antiguas leyendas que existen en varias culturas indígenas.

Concepto

Más allá de una estética supuestamente luminosa o juguetona, *Los desaparecidos* expone un carácter cruel, enfermo y desgarrador de nuestra humanidad, del cual somos simultáneamente depredadores y presas. Relata una lucha nauseabunda en el planeta de las aguas.

No conceptualicé esta colección desde el inicio; sólo pintaba. Hoy, sigo interrogando y comprendiendo fragmentos de su significado. El concepto se presentó tardíamente: mientras miraba el conjunto de obras, repentinamente, me conmovió hasta las lágrimas cuando se reveló ante mí. Esta obra se trataba de algo doloroso. ¿Qué ha hecho este mundo feroz, utilizando al humano como herramienta para la anihilación de su alma? ¿Será muy tarde para recomponer el daño, o al menos aligerar el deterioro que se ha producido con nuestras humildes manos? Los bosques se queman, los humedales se desecan, los lagos se evaporan, los océanos se plastifican, contaminados. Culturas enteras, grupos, linajes e idiomas se mueren, asesinados. Especies de animales y plantas se extinguen, sofocadas. Niños y niñas en todo el mundo desparecen, secuestrados.

Esta es nuestra ecología. Amenazada. Destinada a desvanecerse.

Como madre, la peor amenaza es que le pase algún daño a mis hijos. Para muchos padres, el bienestar y la seguridad de nuestros hijos son los cimientos de nuestra felicidad.

¿Y para los padres que han vivido lo peor? Aquellos que han sufrido la desaparición de un hijo.

Esta colección está dedicada a todos los chiquillos que han desaparecido en el terror. Pequeños seres que han sido arrebatados de sus familias por las manos de otro ser humano. Esta obra es para esos niños y niñas y para sus familias; para los padres que siguen buscando y para los que han dejado de buscar.

Las ganancias de la venta de estas obras serán donadas a organizaciones caritativas de México para los niños desaparecidos.

Tácitamente, este también era el acuerdo.[1]

1] Consultas: www.lonica.art / +33608975934 / Fb: Lonica Hennebury / Instagram: lonica.art

ROE SARITA

Rainboots For Water Birds

Written by Roe Sarita

Witnessed by the collective of the first

Quantum Prose Eco-Active Artists-and-Writers Residency.

In Holbox, Mexico.

Cast of Witnesses

Marta del Pozo:	Founder of Quantum Prose Books
Lonica Hennebury:	Multidisciplinary Artist / Yoga Instructor
Susana Martín Gijón:	Writer
Alberto Chávez:	Musician
Fabián Ávila:	A Don Quixote Type
Iván Pérez-Blanco Avilés:	Artist / Facilitator of Art Workshops / Tour Guide

I saw a brown pelican on the water, drifting so stoic and statuesque I couldn't help but think someone needed to bear witness to the dying traditions of what was once a fishing village, in the shallows at dawn, where the water listens to your subconscious, pulls your higher self out for you, fishes for your deepest desires, and then like the ouroboros, feeds you, tail to mouth, all that you want for yourself.

I considered for a moment the pelican holds all the answers, not just about how to protect this place but how to help me find myself. I was summxoned to give something up to earn the island's trust. So, I descended to my wasteland, to the dark images that haunt me with beauty and admiration. I had to question what I was fighting for as a stranger to a place. Then beachfront sweepers, tourists, starfish gazers, and drunk raccoons strolling out of fishing boats on emerald waters grabbed my gaze.

As I walked along seaweed-covered sand that morning, no words slipped from my tongue, no desires nor dreams. The island rescued me on my first dawn from a demanding world where I was trapped by the words I used recklessly, that the quantum field has repercussions for: perpetual suffering. Until now, all my desires had stemmed from a place of uncertainty. The result was a life of painful lessons. If you're unsure of what you want, be careful not to think about it or feel it, and don't dare put it into writing.

The pelican watched as two people pushed a small boat off the shore. I sensed the pelican knew them and was granting them permission to enter its water.

I want to believe the pelican knew me too, knew everything about me that I wasn't yet capable of knowing. I deduced that the pelican knew of the shit problems looming over paradise too. There are no measures in place to contain the sewage of the residents and the thousands of visitors who come here to shit every day. Here, they don't pray for rain. The rainfall spews trouble for septic tanks. Poo overflows onto the streets. Children of Isla de Holbox walk through puddles of poo water.

I ended my walk at a cool spot under a palm tree, paddled my elbows backward, lowered my back on the sand, and watched letters float onto gentle waves to construct words from different worlds.

I considered running after them, the words.

Para llegar.

New words from my sparse Spanish vocabulary surfaced on the water.

Old words from my grandparents' language returned to me: *Ladki, ladka, paani.*

I released them like a paper sailboat and watched them dissipate in between the patois I grew up with, in a melting pot of cultures in the West Indies.

"Ya mommy left you. Ya daddy left you. Nobody love you."

I raised myself up and walked into the water to talk to someone, anyone who would listen. Then cormorants flew past me. I sighed and plunged into emerald joy, imbibing childlike play like when you're so caught up in what's in front of you, you forget you're alone. I've always longed for human connection, to see a family or to search a stranger's face only for a reaction to my existence. I've thrived for so long in my ability to be surrounded by life in a café, a bar, or on a park bench in sheer loneliness.

Nature had become my parent when I was four years old; the waves became a nurturing voice that put me to sleep every night and woke me up every morning. For a few years, after my parents left like so many others, to pursue the American dream I lived with a torturous drunken uncle whose wife left him shortly after my brother and I took up space at her dinner table where she couldn't afford anything other than rice with salt and pepper. She left her three children and my brother and I to fend for ourselves. We played in the mud, ate the mud, dressed ourselves in the mud, and hid from him whenever we could. Yet I still can't recall what we did with ourselves for those years without school, without clothes, without a proper meal, without the warm embrace of a loving parent.

There's so much I don't recall, but there are things I do recall with fondness. The outhouse that I was terrified of falling into, where I wiped my ass with newspapers, it's somehow still a sweet memory among recollections of the bedpan used at night when it was too dark to venture outdoors and the early morning chore of walking with the pan of piss to empty it in the outhouse. The balance to avoid the great spill—what a dance it was.

I don't want to name the coastal village where I grew up. I want so badly to reject it, reject my lineage, and reject this notion of learning about my roots. I learned at a very young age families can be cruel to each other but kind to strangers. A price tag had emerged on my forehead once my parents could afford to pay someone to care for us. So, when the little wildling was brought to another family member's home, they cleaned her up, treated her lice with a spray can of roach killer that burnt her scalp, scrubbed her in a tub of water, and rubbed coconut oil all over her, to soothe her cracked skin.

I reject my culture and the labels I feel pressured to identify with. I'm aware I might find clues about who I am by connecting to my ancestors, but if I do honor my lineage, how does that connection lead to unity for humanity?

Viva Mexico, they say.

I'm not a tourist; I'm a traveler, they say.

We don't travel the way tourists do; we don't stay in resorts; we don't go on vacations, the travelers say.

We have to protect this place, so it doesn't become a tourist destination, we said.

Too late.

Why do we feel like we have a claim on this place, to guard it from others? I met a woman on the beach who had been on the island for about a week. She was making plans to return to Canada to sell her home and relocate to the island to start a business.

"This is my island now," she said.

By the end of week one it was my island too.

The island residents are known by the dogs too. I was sitting at a bar long enough to notice one of the servers signing out of their shifts when one of the several dogs wandering up and down the street came into the bar. The dog stood next to the server as the server gathered their belongings into their backpack. Then they left the bar side by side.

I nearly toppled over my bar stool trying to get a glimpse of the direction they were heading in so I could continue to investigate the relationship. I could have just asked, but my Spanish was, well—I struggled to get past greetings in other languages. I was about to ask for the check (la cuenta por favor), but then I saw the server take off on a bicycle. The dog followed.

That was one more thing to add to the beauty of this place, to counter the mess that is the sewage and garbage problem. I think it's safe to say it's a public health crisis so severe, paradise is in trouble. This environmental crisis is beyond Holbox.

There's an interconnectedness underneath our roads and streets to some of our natural water sources; if only we could see through the concrete, the clay, and the sand we walk on.

If you live in a city or town, chances are the sewage pipes from your apartment or home flows into city sewer pipelines to connect to wastewater treatment plants. In some places, sewage gets treated through a complex system in which the liquid gets separated from the solid. There is potential in the solids to be repurposed for various uses. However, the liquid is treated until it is tested and proven to be toxic free, at which point the water is legally allowed to be dumped far out into our lakes, rivers, and oceans so the water can do the work.

In the country or on an island there are most likely septic tanks, in which case you'll have to imagine how underground rivers connect to oceans, downhill septic tanks overflow after the rain onto the streets and into oceans and rivers. Rivers supply drinking water. It's cyclical—what goes out comes back into usage.

In addition, where there is no municipality network, people may be left with no other choice but to take on the challenge of sewage removal with the help of unsanctioned on-site sewage removal services. These are common challenges areas outside of cities and towns face. The concern is where do these sewage removal services dispose of the raw sewage?

Water is a sacred shapeshifter... It can manifest our desires and do the work with our waste that we don't want to face. It's easier to escape reality, to take a swim after we've sipped on frozen margaritas and tipped the waiter who is also a shaman of Mayan descent, who gets booked for Mayan massages on the beachfront hotel next to your cabaña and does in fact have healing hands, who can tell you by a scan across your abdomen what you're suffering from and how to recover from your ailments.

I released my pen, stretched back into my surroundings and asked for the check. I tried to leave an generous tip to compensate for only consuming one beer for two hours, but the bartender insisted it was too much tip based on the bill and returned some of my pesos. I was confused; this is not how we did things in New York City.

Just when I had assumed everyone on the island was kind, I asked a kid for directions. He sent me the wrong way. When I recognized the correct way and passed by him, drenched in sweat twenty minutes later, he laughed at me and told all his friends of my adventure. I understood his contempt for a foreigner who didn't speak his language and expected him to be a guide. He shouldn't have to discern the tourist from the traveler.

I gained a new friend after I was pranked. She told me her family was from Acapulco and that no one in her family had ever experienced anything terrible regarding cartels, corruption, or violence. Nor did they know anyone who had any such experiences. Their Mexico was blissful for the most part. Some of my friends warned me to be careful about spending an entire month in Mexico because of all the horror they had seen on TV about the dangers in Mexico. I've always been naive in that I underestimate the news, driven by a thirst for my own experiences.

My time here is not enough to understand a country I have never been to, so I used our mid-month trip to several magic towns to try to understand Mexico outside of Holbox. I felt I lacked the authority to write about their environmental challenges without at least learning as much as I could about the culture. The more I learned, the more I grew confused.

Upon returning to the island, almost fully recovered from a stomach bug that crippled me in Merida, I treated myself to a nice dinner followed by a walk through the park in the town square. The island being a small place where one often ran into familiar faces enough to ignite conversations, I had heard of the terror of human trafficking in Tijuana from a new acquaintance.

I met someone else in the park who told me of their girlfriend's family in Tijuana who said they were afraid to go outside for fear of being kidnapped by human traffickers. I have an account from someone in Mexico City who said she takes pride in her country's reputation for National Tourism. I have another account from a Mexican/American whose response to National Tourism cannot be squeezed into this concise portrait of an island in the Yum Balam Nature Reserve that faces numerous ecological challenges. Fair trade marketing leaves so many Mexican families without access to their own crops and spells numerous complexities, but many of us—like me—were and are still guilty of thinking we're doing the right thing by supporting a good cause.

A place cannot be defined by one person's experience, yet I feel pressured to understand this vast world. And to explain what Fair trade has to do with why Mexico depends on tourism, is at this moment, beyond my ability to understand enough to convey the accuracy of what originally began as an altruistic movement but like so many other things, evolved into a monstrosity.

I took myself out for a drink while everyone headed to the beach to watch the sunset. I was overwhelmed with the impossible feat of writing this piece. I got myself drunk and thought it clever to walk backwards to wave to the visible moon a good night, and as a drunken fool, I saw the possibilities in the sunset, God hunched over the horizon, defecating into the ocean.

I decided to walk towards the beach to sober myself up with a sunset swim and ran into someone I had grown to rely on for fragments of history, the same way I relied on others like the storekeeper I had befriended, a Holbox native who spoke a little English. There's also the bright and inspiring young lady from Chiquila, who upon discovering that the children didn't know the names of the birds, organized youth programs and other community efforts to educate them. Her dedication to the island gave me hope for the future.

There were many times throughout my life when I felt dissatisfied with language to convey the culture and essence of a place. I relied on mornings when the natives were up and about in a sacred dance of chores, when I got a warm smile and nod from someone who'd lived here all their life.

There were some people I came to rely on more than others for their life experiences like the shaman from Guatemala who competes with European and American expats, certified healers, accredited by online courses the resorts accept. I sat with her once in a cafe where we had to wait on slow internet service to draft a flier for her services. I must confess that I lost my patience in front of her—with her. The impatient New Yorker in me tried to help a shaman create a digital flier and snapped. I can still feel the lump in my throat.

I went into the water with her once, and she cradled me as if I was in my mother's womb. We danced underwater, longer than I've ever been able to stay under. She chanted an unfamiliar language into my ear and drifted us past the pelican and then closer to shore, at which point she dragged me out of the water by my arms stretched out over my head.

Flamingos flew over us, and people squealed with joy at seeing them in flight in April. From then on, I learned to enter worlds just long enough to catch a glimpse of the mystery of human existence.

On my own some days later, I swam past the pelican and drifted through a passageway onto the wings of a crashed plane, to loads of cocaine, and to the beginning of crack's grip on the island natives. I can't imagine paradise needed drugs. It seems, from what I learned, a foreigner came in and found a way to sell a better paradise. Does this mean paradise was not what it appeared to be at the very beginning?

Feeling burdened by the information I had that could take me in so many different directions, I focused on my frustration with the word ecology and wondered about its origin. To me, the word implied some sense of control over nature. I couldn't shake the feeling. In this age of information and opinion, where does one go to follow their intuition about a word?

I was listening to a literary radio show when a conversation about the unsettling origin story of the word "ecology" fell right upon my ears. It was a pivotal moment for me while writing this piece. The Nazi's need to understand their environment before cleansing it, how is this different from what I'm trying to do? I learned in that moment, that I don't know what nature is and I don't know how to create solutions for ecological challenges.

That revelation inspired me to question the many ways we focus on saving the environment and the many ways we ignore the suffering of other human beings.

I followed the trail of my curiosity about the human condition to the kind of suffering we don't often understand enough about to be in the service of others. I attempted to write a play and then proceeded to ask the cast listed as witnesses, to join me in a performance at our artist's café with a few local artists. Within seconds, I saw the look of insult on someone's face, but I had no choice other than to keep going. Shit is insulting no matter how much you try to mask its odor.

In the end, I tried to honor the locals and the island by being true to myself for the first time ever. The result surprised me. I began to lose myself in the best way after week two.

The curtains open to a room where no one is visible even in the light.

A voice emerges from the corner.

There's nothing to see, nothing to hear, only to feel.

Voice

Why does the guard bother telling us the time?
We have no concept of time.

We are toxic, always brewing trouble. We are orphans to the world, sitting here in this septic facility. Why are you not talking? What is your number? Hi, answer my question. I know you can't flush me out no matter how much you want to, and oh, you want to.
But you feel me. You feel me?

You heard we're talking fuel now? We're gonna blaze this place real soon—fancy, repurposing, rehabilitation-type shit. I'm gonna be the thing on fire; I'm gonna be the fire. What are you gonna do? Get out and get a job? I feel for you cause I'm gonna . . .
(the sound of flushing)

No, I'm comin up . . . no. I wanna go down.

Put me down!

Roe

We're repurposing human waste into blocks for construction of buildings. It entails an incineration process where the fumes, because they are environmentally hazardous, get captured and used to fuel the process.

This changes everything for us, doesn't it?

Roe walks on stage and turns off the lights.

The audience can see the black hole.

Roe

Have you ever noticed how some people speak as if they are so in touch with themselves, so wholesome? Have you ever wondered how that is and why you're not like that? How jarring it must be that your whole life you've wiped your ass after you've taken a shit and tossed the paper out into the garbage pail instead of flushing it, only to arrive in America and have people scream at you for being utterly disgusting.

What kind of animal did that make you feel like?
I can't ignore the connection of my story to this island's ecological challenges. Is this art? Am I a writer? Is this literature? Is this a play? Is this an essay?

Iván

Roe, actually, this is a sandbank. You keep saying "island." It's a sandbank. But to answer your question, you have to trust your intuition, and like when I taught you how to paint the fire, don't control the brush. Feel how the flames are free to dance. Let your paintbrush move freely.

Alberto

I wrote a song this morning.

Bird

Swweeet.

Wind

Swiish.

Susana - to the resident dog

Vaca, vámonos.

Lonica

Let's do a walking meditation to the landfill tomorrow.

Fabian

I just now died and was reborn again.

Marta

Roe had her first rebirth in the cenote at Yalahua. She was overcome with laughter for over twenty minutes.

Roe

What if nature decides it has other plans for us? What will we do then? Will we still try to save the planet? I wonder, though, should we tackle the tourists at the ferry? What if we rush up to them in groups to tell them about the sewage problem and they turn around and leave? What then? They are deeply disturbed by the garbage, so I think they'll care about the other issue, the other waste.

Susana

What exactly are we dealing with? What is the problem?

Roe

Where does our shit go after the septic tanks are drained or pumped? Where does it all go if it has to go someplace out of sight? I'm not making assumptions; I'm truly asking the question.

Alberto

What about the black hole? Can't we toss it out into the black hole?

Roe

It's too valuable to toss out.
We all stand to profit from our shit.

Closing the curtains at the end of week three.

I'm open to the infinite possibilities of a play or a museum exhibit showcasing the potential of human waste.

This is a manifesto.

We were walking the resident dog one day, and it took a shit: A Giant Great Dane Shit.

We didn't have anything to scoop it up with to toss it into the garbage. I found a big leaf and a coconut husk. I covered it up and assumed dog waste was "natural" and that nature would do the work. There are relatively new practices in Canada where dog owners are encouraged to pick up their dog waste and return it with them into their homes to flush it into the toilet. It's the best practice to avoid contaminating the garbage disposals, at which point, one would compromise the effectiveness of sorting garbage and recyclables. There's one more reason for this practice where the municipality relies on people to police themselves. Poo on the streets, like in Holbox when it rains. The dog poo spells trouble for the waterways because dog poo left on the streets or on lawns, flows into waterways after rainfall.

Human waste and that of man's best friend, is a universal problem. It's no longer possible to put the shit out of sight and out of mind. We'll have to deal with the shit after we flush our poo and our pet's poo down the toilet in our homes.

I walked away from the outhouse I grew up with and never looked back. The aunt who raised me said I nodded my head in response to her but didn't speak for a while. I was fed and schooled and loved by distant relatives who visited, by neighbors, and by the three sisters who lost their home in a flood. They floated on the roof of their hut when the tides flooded the dams. They were brought into the house to live with us.

I think of Shelly's beady eyes. She was my pelican. She made sure I kept my mother alive in my heart. With Shelly and her two sisters around, I learned to laugh after years of barely speaking.

At some point we moved up in the world and got an indoor toilet. A bucket or two of water was always near the new indoor toilet. How quickly we evolved to resist seeing each other's shit and didn't hesitate to fill up the tank behind the toilet after each use instead of saving water. A few accumulations of each other's pee were acceptable before wasting precious water for a flush. Strange how we never dreamed of a modern toilet while sitting in the outhouse, in that stench, but here we were, getting rid of the shit as quickly as it came out while the outhouse remained for emergencies. A roll of soft tissue paper sat unused near the seat.

I abandoned Shelly years later. I abandoned every letter, every attempt to hold onto a friendship like I did with everyone else after I left home. I've always thought it was the pain of watching them live the way they did, unable to afford a bag of flour at times. Is it possible that I abandoned them because the very soil they walked on shadowed something about myself that I had no way of understanding at the time? Will they ever forgive me, and will I ever have the strength to show up at their doors?

Do I ask my God for forgiveness, or do I ask them directly?

It was at the pyramids near Merida where we learned, since Chichen Itza became one of the New Seven Wonders of the World, there was a significant decline in the number of visitors, including Mexican nationals. It thrilled me to explore the grounds at Uxmal without the hustle of bumping into tourists the way I did at Chichen Itza. I felt the sacredness of the land at Uxmal unlike anything I had ever experienced and then learned from our tour guide of the Mormon belief that Jesus Christ, died and went to this site and several other locations in Mexico and South America. According to the Mormons, Jesus continued to preach after resurrection.

Were we standing on a site holier than the birthplace of Jesus Christ?

I sat with that question as we lunched with our taxi driver. We were the only guests in the restaurant. Our group of ecological warriors had taken a much-needed break from group activities, so on this trip we were down to three. It was a leisurely adventure, a quiet, off the beaten path sort of day. The server told us of the many other restaurants and hotels that went out of business since Chichen Itza was added to the list of wonders.

As soon as I had service on my phone, I reached out to someone I knew who belonged to a Mormon church in my neighborhood back in Queens, NY. They confirmed Jesus died and went to Mexico.

Led by Marta, we tossed copal into the fire and quantum leaped into our dreams.

I gave myself permission to dream because I felt worthy.

I thank my Holbox family: Marta, thank you for having such unwavering faith and confidence in me. Ivan, thank you for reminding me that everything is sacred and thank you for the art lessons. Susana, your article about Holbox, in which you mentioned the disappearance of the Hawksbill Sea Turtles, inspired me tremendously. I thank you, Alberto, for letting me into your world of music. Fabian, I apologize for laughing at you the first time you had a rebirth near me while we were walking on the street. Next time that happens, I'll have a different reaction. Lonica, I thank you for being my translator, for rescuing my skin from the sun with your homemade potion and that mysterious baby butt diaper rash cream. It worked! Thank you for being an instrumental part of this work, for fact-checking with your twenty plus years of living in Holbox, and for your overall guidance throughout the creative process.

Thank you to my dearest friend and sister Giaura Fenris for bringing the party with you to Holbox and for letting me stay in your home where I finished the last few sentences of this page.

Thank you to my New York family and to my friend Tim Pourbaix, the musician and math teacher who read my early draft and supported me with constructive feedback. During the pandemic, you told me how you watched the songwriter in you leave your body, as if it just flew off. Like a bird. When it returns, can we reunite with Donny and Nancy for something like our open mic nights? Those nights were the best part of my week. It's where I met Anjum Singh, who also read an early draft of this work and got me through a creative blockage.

An enormous thank you to my cousin Devi Richards, a fire protection engineer for a Canadian municipality. We formed a bond in 2022; when I realized you held the key to a door I needed to enter. I thank you for allowing me to pick your brain and for answering my calls, texts, and emails even when I forgot you're a post graduate college professor, and a tiger mother to two children and a puppy.

To the food anthropologist Laura Licona, thank you for being brilliant and passionate. The synergy of meeting you after Holbox! Thank you for sharing your Mexico with me.

Thank you to my three best friends Lanie Monallal, Elif Beich, and Kasia Evans for believing in me despite how little I see of each of you and for forgiving me for missing your children's birthdays and graduations and milestones. To Niri, Pretty, and Ravi, thanks for showing me the ropes when I first arrived in New York.

To my nephew, Kyle, you are so special, you are loved, you are whatever you feel connected to, I hope you feel the grace of a divine source that holds the key to unlocking your potential. To Hannah, I'm proud of the person you've grown up to become.

To my parents, this trophy isn't for something I wrote. This trophy is for you to know your sacrifice was worth it. I gained something for everything else I missed out on, like the river days. Thank you to my cousins from the river. Those months with you in the Pomeroon River were the best days of my life.

To every child who's never known the love of a mother or father or neither, listen to the water. Lakes are quiet and nice for stepping stones. Rivers are our great mothers and oceans, oceans will take you wherever you'd like to go.

ROE SARITA

Botas de lluvia para aves acuáticas

Escrito por Roe Sarita.

Presenciado por el colectivo de la primera

Residencia Quantum Prose de artistas y escritores ecoactivistas.

En Holbox, México.

Reparto de testigos

Marta del Pozo:	Fundadora de Quantum Prose Books
Lonica Hennebury:	Artista Multidisciplinaria / Instructora de yoga
Susana Martín Gijón:	Escritora
Alberto Chávez:	Músico
Fabián Ávila:	Un tipo quijotesco
Iván Pérez-Blanco Avilés:	Artista/ Facilitador de talleres de arte / Guía turístico

Vi a un pelícano café en el agua, tan estoica y esculturalmente a la deriva que no pude evitar pensar que alguien necesitaba dar testimonio de las tradiciones moribundas de lo que alguna vez fue un pueblo de pescadores. En los bajos fondos a la aurora, donde el agua escucha a tu subconsciente, extrae a tu yo interior, pesca tus deseos más profundos y después, justo como el uróboros, te alimenta, de la cola a la boca, con todo lo que deseas.

Consideré por un momento que el pelícano tenía todas las respuestas, no solo acerca de cómo proteger este lugar, sino de cómo ayudarme a encontrarme a mí misma. Sentí la necesidad de tener que renunciar a algo para ganarme la confianza de la isla. Entonces, descendí a mi páramo, a las imágenes oscuras que me persiguen con belleza y admiración. Como extranjera, tuve que cuestionarme por qué estaba luchando. Después, los barrenderos de la playa, los turistas, los observadores de estrellas de mar y los mapaches borrachos que salían de las barcas de pesca sobre las aguas esmeralda acapararon mi mirada.

Mientras caminaba por la arena cubierta de algas esta mañana, ninguna palabra se resbaló de mi lengua, ningún deseo ni sueño. La isla me rescató en mi primer amanecer de un mundo demandante en donde estaba atrapada por las palabras que usaba imprudentemente, y para las cuales el campo cuántico tiene repercusiones: el sufrimiento perpetuo. Hasta ahora, todos mis deseos habían surgido desde un lugar de incertidumbre. El resultado fue una vida de lecciones dolorosas. Si no sabes lo que quieres, ten cuidado de no pensar o sentir nada al respecto y ni te atrevas a ponerlo por escrito.

El pelícano observaba a dos personas empujar un pequeño bote mar adentro. Sentía que el pelícano los conocía y les daba permiso para entrar al agua.

Quería creer que el pelícano también me conocía, que sabía todo aquello acerca de mí que yo no era todavía capaz de conocer. Deduje que el pelícano también sabía de los horribles problemas que amenazan al paraíso. No hay medidas impuestas para contener el drenaje producido por los residentes y los miles de visitantes que vienen aquí a hacer sus necesidades todos los días. Aquí, no se hace la plegaria de la lluvia. La lluvia causa problemas para las fosas sépticas. La caca se desborda en las calles. Los niños de Isla de Holbox caminan a través de charcos de agua de caca.

Terminé mi caminata en un buen lugar bajo una palmera, acomodé los codos hacia atrás, apoyé la espalda sobre la arena y vi cómo las letras flotaban sobre las suaves olas para construir palabras de mundos diferentes.

Consideré correr detrás de las palabras.

Para llegar.

Las nuevas palabras de mi escaso vocabulario en español surgieron en el agua.

Antiguas palabras del lenguaje de mis abuelos regresaron a mí: *Ladki, ladka, paani.*

Las liberé como a un barco de papel y las observé mientras se disipaban entre el patois con el que crecí, en un cruce de culturas en las Antillas.

"Tu mami te dejó. Tu papi te dejó. Nadie te quiere."

Me levanté y caminé hacia el agua para hablar con alguien, quien fuera que me quisiera escuchar. Los cormoranes pasaron volando a mi lado. Suspiré sumergiéndome en una alegría esmeralda, imbuyéndome en un juego infantil, como cuando estás tan ensimismada con lo que tienes de frente, que te olvidas de que estás sola. Siempre he anhelado la conexión humana, ver a una familia o buscar en el rostro de un extraño una reacción a mi existencia. Mi habilidad de estar en pura soledad y rodeada de vida en una cafetería, en un bar o un banco el parque, me ha hecho más fuerte.

La naturaleza se convirtió en mi madre cuando tenía cuatro años; las olas se convirtieron en una voz cariñosa que me ayudaba a dormir por las noches y me despertaban por la mañana. Durante algunos años, después que mi padres se fueran, como muchos otros para perseguir el sueño americano, tuve que vivir con un tortuoso tío borracho cuya esposa lo dejó poco después de que mi hermano y yo nos sentáramos a su mesa - para la cual ella solo podía comprar arroz con sal y pimienta. Dejó a sus tres hijos y a mi hermano y a mí para que nos valiéramos por nosotros mismos. Jugábamos en el lodo, comíamos lodo, nos vestíamos en el mismo lodo y nos escondíamos de él cuando podíamos. Aún no puedo recordar qué es lo que hacíamos, a qué nos dedicamos todos esos años sin escuela, sin ropa, sin una buena comida y sin el cálido abrazo de un progenitor amoroso.

Hay muchas cosas que no recuerdo, pero otras las recuerdo con cariño. El baño de afuera en el que me aterrorizaba caerme y en donde me limpiaba mi trasero con periódicos, de alguna manera, aún se trata de un dulce recuerdo, ese de la bacinica utilizada por la noche cuando estaba demasiado oscuro como para aventurarme al aire libre y la tarea mañanera de caminar con la cacerola de orina para vaciarla en el baño de afuera. El equilibrio para evitar un gran derrame era toda una proeza.

No quiero mencionar el nombre del pueblo costero donde crecí. Quiero realmente rechazarlo, rechazar mi linaje y rechazar la noción de aprender de mis raíces. Aprendí a una edad temprana que las familias pueden ser crueles entre ellas, pero amables con los extraños. Una etiqueta con un precio apareció en mi frente cuando mis padres pudieron pagar para que alguien nos cuidara. Así que, cuando la pequeña salvaje fue llevada a la casa de otro familiar, la bañaron, trataron sus piojos con una lata de spray para matar cucarachas que quemó su cuero cabelludo, la restregaron en una bañera con agua y le untaron aceite de coco en todo el cuerpo para calmar su piel agrietada.

Rechazo a mi cultura y las etiquetas con las que me siento presionada para identificarme. Soy consciente de que es probable que encuentre pistas de quién soy conectándome con mis ancestros, pero si honro mi linaje ¿cómo me llevará esa conexión a una unidad con la humanidad?

Viva México, dicen.

No soy turista, soy viajera, dicen.

No viajamos como lo hacen los turistas, no nos quedamos en hoteles; no vamos de vacaciones, dicen los viajeros.

Tenemos que proteger este lugar para que no se convierta en un destino turístico, dijimos.

Demasiado tarde.

¿Por qué nos sentimos como si tuviéramos un derecho sobre este lugar, de cuidarlo de otras personas? Conocí en la playa a una mujer que había estado en la isla por una semana. Ella estaba haciendo planes para regresar a Canadá a vender su casa y mudarse a la isla para iniciar un negocio.

"Esta es mi isla ahora" decía.

Al final de la primera semana también era mi isla.

Los residentes de la isla son también conocidos por los perros. Estuve sentada en un bar el tiempo suficiente como para darme cuenta de que uno de los meseros firmaba el final de su turno cuando uno de los varios perros callejeros entró al bar. El perro se paró al lado del mesero mientras él juntaba sus pertenencias en su mochila. Se fueron juntos del bar.

Casi me caí de mi banco tratando de vislumbrar la dirección en la que se dirigían para poder continuar investigando la relación. Podría haber preguntado, pero mi español era… bueno… se me dificulta pasar de los saludos en otras lenguas. Estaba a punto de pedir la cuenta, cuando vi que el mesero se fue en una bicicleta. El perro lo siguió.

Hay una cosa más que agregar a la belleza de este lugar, para contrarrestar el desastre que es el problema del drenaje y la basura. Creo que puedo decir con seguridad que se trata de una crisis de salud pública tan severa, que el paraíso está en problemas. Esta crisis ambiental va más allá de Holbox.

Existe una interconexión debajo de nuestros caminos y calles con algunas de nuestras fuentes de agua natural. Si tan solo pudiéramos ver a través del concreto, la arcilla y la arena sobre la que caminamos.

Si vives en la ciudad o en un pueblo es probable que los tubos de drenaje de tu apartamento o de tu casa fluyan hacia los tubos de drenaje de la ciudad para conectarse con las plantas de tratamiento de aguas residuales. En algunos lugares, el drenaje es tratado a través de un sistema complejo en el cual el líquido es separado de los sólidos. Existe el potencial de que los sólidos sean reutilizables para varios usos. Sin embargo, el líquido es tratado hasta que se ha probado y demostrado que está libre de tóxicos, en cuyo momento se permite que el agua sea vertida en nuestros lagos, ríos u océanos para que pueda hacer su trabajo.

En el campo o en una isla es más probable que existan fosas sépticas, en cuyo caso tendrías que imaginar cómo los ríos subterráneos conectan con los océanos. Las fosas sépticas se desbordan después de la lluvia a las calles y a los océanos y ríos. Los ríos suministran agua potable. Es cíclico, lo que sale regresa al uso.

Además, cuando no hay una red municipal, puede ser que las personas no tengan otra opción que aceptar el reto de eliminar las aguas residuales con la ayuda de servicios de eliminación no autorizados. Estos son retos comunes que enfrentan las áreas fuera de las ciudades y pueblos. La preocupación es ¿dónde eliminan estos servicios las aguas residuales?

El agua es un elmento sagrado en constante cambio. Puede manifestar nuestros deseos y hacer el trabajo que no queremos enfrentar con nuestros desperdicios. Es más fácil escapar de la realidad, ir a nadar después de darle un trago a una margarita helada y darle una propina al mesero, que es también un chamán descendiente de los mayas y a quien contratan para dar masajes mayas en el hotel de la playa junto a tu cabaña. Y que de hecho, tiene manos sanadoras y te pueden decir después de un escaneo de tu abdomen de qué estás padeciendo y cómo puedes recuperarte de tus dolencias.

Solté la pluma, volví a mí misma y pedí la cuenta. Traté de dejar una propina generosa para compensar por solo haber consumido una o dos cervezas en dos horas, pero el cantinero insistió que era demasiada propina basado en la cuenta y me regresó algunos pesos. Estaba confundida; así no es como hacíamos las cosas en Nueva York.

Justo cuando había asumido que todos en la isla eran amables, le pedí a un chico indicaciones para llegar a un lugar. Me mandó en la dirección incorrecta. Cuando averigüé el camino correcto y lo pasé, bañada en sudor treinta minutos después, él se rio de mí y les habló a todos sus amigos de mi aventura. Entendí su desprecio por una extranjera que no hablaba su lenguaje y esperaba que fuera su guía. No debería tener que discernir al turista del viajero.

Hice una nueva amiga después de esta jugarreta. Me contó que su familia era de Acapulco y que ninguno de ellos había experimentado nada terrible en relación a los carteles, a la corrupción o a la violencia. Tampoco conocían a nadie que hubiera tenido dichas experiencias. Su México era feliz en la mayor parte. Algunos de mis amigos me advirtieron de pasar un mes entero en México debido a todos los horrores que habían visto en la televisión de los peligros en México. Siempre he sido ingenua y subestimo las noticias impulsada por mi sed de nuevas experiencias.

Mi tiempo aquí no es suficiente como para entender a un país al que no me he acostumbrado. Usé la mitad de mi viaje para visitar varios pueblos mágicos y tratar de entender a México fuera de Holbox. Sentí que me faltaba autoridad para escribir acerca de los retos ambientales sin siquiera aprender todo lo que pudiera acerca de su cultura.

Al regresar a la isla, casi recuperada de un virus estomacal que me incapacitó en Mérida, me obsequié una cena agradable seguida de una caminata por el parque en la plaza del pueblo. Siendo la isla un lugar pequeño en donde uno puede encontrarse caras familiares para iniciar conversaciones, había escuchado de una nueva amistad sobre el terror de la trata de personas en Tijuana.

Conocí a otra persona en el parque que me dijo que los miembros de la familia de su novia en Tijuana tenía miedo de salir a la calle y ser raptados por traficantes de personas. Tengo una cuenta de alguien en la ciudad de México que se enorgullece de la reputación del país por el turismo nacional. Tengo otra cuenta de un mexicano/americano cuya respuesta al turismo nacional no cabe en este conciso retrato sobre una isla perteneciente a la Reserva Natural de Yum Balam que se enfrenta a numerosos retos ecológicos. El marketing de comercio justo deja a muchas familias mexicanas sin acceso a sus propios cultivos y genera numerosas complejidades, pero muchos de nosotros, como yo, éramos y aún somos culpables de pensar que estamos haciendo lo correcto al apoyar una buena causa.

Un lugar no puede ser definido por la experiencia de una persona y aun así me sentía presionada para entender este vasto mundo. Y explicar por qué el comercio justo está conectado con el hecho de que México dependa del turismo, está en este momento más allá de mi habilidad para transmitir con precisión el hecho de que lo que comenzó como un movimiento altruista, como muchas otras cosas, ha derivado en monstruosidad.

Me invité a una copa mientras todos iban a la playa a ver el atardecer. Estaba abrumada con la hazaña imposible de escribir este texto. Me emborraché y pensé que era inteligente caminar hacia atrás para desearle a la luna buenas noches, y como un tonta borracha, vi las posibilidades en la puesta de sol, Dios encorvado sobre el horizonte, defecando en el océano.

Caminé hacia la playa para recuperar la sobriedad con un baño al atardecer y me encontré con alguien en quien había llegado a confiar para obtener fragmentos de la historia, de la misma manera en que había confiado en otros como el encargado de la tienda del cual me había hecho amiga, un nativo de Holbox que hablaba un poco de inglés. También había una joven brillante e inspiradora de Chiquilá, que al descubrir que los niños no sabían los nombres de los pájaros, organizaba programas para la juventud y otros esfuerzos en la comunidad para educarlos. Su dedicación a la isla me dio esperanzas para el futuro.

Muchas veces a lo largo de mi vida me he sentido insatisfecha con el lenguaje para transmitir la cultura y la esencia de un lugar. Confiaba en las mañanas cuando los nativos se levantaban e iban de un lado a otro en una danza sagrada de tareas, cuando recibía una cálida sonrisa y un saludo de alguien que había vivido aquí toda su vida.

Había personas en las que podía confirmar más que en otras por sus experiencias de vida, como la chamana de Guatemala que competía con expatriados europeos y americanos, sanadores certificados, acreditados por cursos en línea que los complejos hoteleros aceptan. Me senté con ella en un café y tuvimos que esperar con el internet lento para redactar un volante que ofrecía sus servicios. Debo confesar que perdí mi paciencia enfrente de ella y con ella. La impaciente neoyorquina que hay en mí intentó ayudar a una chamana a crear un folleto digital y no pude hacerlo. Todavía puedo sentir el nudo en la garganta.

Fui al agua con ella una vez y me acunó como si estuviera en el vientre de mi madre. Bailamos bajo el agua durante más tiempo del que jamás he podido permanecer sumergida. Me cantó al oído en un idioma desconocido y nos llevó más allá del pelícano y luego cerca de la orilla y en ese momento me sacó del agua con los brazos estirados por encima de mi cabeza.

Los flamencos volaron sobre nosotras y la gente gritaba de alegría al verlos volar en abril. A partir de entonces, aprendí a entrar en otros mundos el tiempo suficiente como para obtener un vistazo del misterio de la existencia humana.

Unos días después por mi propia cuenta, nadé más allá del pelícano y me deslicé por un pasadizo hasta las alas de un avión estrellado, montones de cocaína y el comienzo del dominio del crack sobre los nativos de la isla. No puedo imaginar que el paraíso necesite drogas. Parece ser, de lo que aprendí, que un extranjero vino y encontró una manera de vender un mejor paraíso. ¿Significa esto que el paraíso no era lo que parecía al principio?

Sintiéndome abrumada por la información que tenía, que podía llevarme en varias direcciones diferentes, enfoqué mi frustración con la palabra "ecología" y pensé en sus orígenes. La respuesta me halló eventualmente. La Alemania nazi. Esa revelación me inspiró a cuestionar las muchas maneras en las que nos enfocamos en salvar el medio ambiente y las maneras en que ignoramos el sufrimiento de otros seres humanos.

Seguí el rastro de mi curiosidad acerca de la condición humana hasta llegar al tipo de sufrimiento que frecuentemente no entendemos lo suficiente como para estar al servicio de los demás. Intenté escribir una obra de teatro y, a continuación, procedí a pedir al elenco de personajes que figuran como testigos, a unirse a mí en una actuación en nuestro café con algunos artistas locales. En cuestión de segundos, vi la mirada contrariada de insulto en la cara de alguien, pero no tuve otra opción que seguir. La mierda es insultante sin importar cuánto trates enmascarar su olor.

Al final, intenté honrar a los locales y a la isla siendo sincera conmigo misma por primera vez. El resultado me sorprendió. Empecé a perderme de la mejor manera posible después de la semana dos.

***

Las cortinas se abren a una habitación donde nadie es visible, incluso a la luz.

Una voz emerge desde la esquina:

No hay nada que ver, nada que oír, solo sentir.

Voz

¿Por qué se molesta el guarda en darnos la hora?
No tenemos noción del tiempo.

Somos tóxicos, siempre respirando problemas. Somos huérfanos del mundo, sentados aquí en esta fosa séptica. ¿Por qué no dices nada? ¿Cuál es tu número? Hola, responde mi pregunta. Sé que no puedes eliminarme por mucho que quieras, y vaya si quieres.
Pero me entiendes.

¿Me entiendes?

¿Ya oíste que hablamos del combustible? Vamos a prender este lugar muy pronto, un concepto muy elegante, reutilización, rehabilitación. Y yo voy a ser esa mierda en fuego; voy a ser el fuego. Y tú, ¿qué vas a hacer? ¿Salir y encontrar un trabajo? Lo siento por ti porque voy a…
(el sonido de la descarga del inodoro)

No, voy a subir… no, quiero bajar.

¡Bájame!

Roe

Reutilizamos desechos humanos en bloques para la construcción de edificios. Implica un proceso de incineración en el que los humos, por ser peligrosos para el medio ambiente, se capturan y se utilizan como combustible.

Esto lo cambia todo para nosotros, ¿verdad?

Roe camina hacia el scenario y apaga las luces.

La audiencia puede ver el agujero negro.

Roe

¿Han notado cómo las personas hablan como si estuvieran muy en contacto consigo mismas, tan enteras? ¿Se han preguntado cómo es eso y por qué tú no eres así? Qué desagradable debe de ser que toda tu vida te hayas limpiado el trasero después de cagar y hayas tirado el papel al cubo de la basura en vez de tirarlo por la cadena, para llegar a Estados Unidos y que la gente te gritara por ser absolutamente repugnante. ¿Qué tipo de animal te sentiste? No puedo ignorar la conexión de mi historia con los retos ecológicos de esta isla.

¿Es arte? ¿Soy una escritora? ¿Es esto literatura? ¿Es una obra de teatro? ¿Es un ensayo?

Iván

Roe, de hecho, esto es un banco de arena. Sigues diciendo "isla". Es un banco de arena. Pero para responder tu pregunta, tienes que confiar en tu intuición y como cuando alguien te enseña a pintar el fuego, no controles el pincel. Siente como las llamas son libres para bailar. Deja que tu pincel se mueva.

Alberto

Escribí una canción esta mañana

Pájaro

Siiiiiii

Viento

Siiiiish

Susana - al perro de la residencia

Vaca, vámonos

Lonica

Mañana hagamos una meditación caminando hasta el vertedero.

Fabián

Acabo de morir y renacer

Marta

Roe tuvo su primer renacimiento en el cenote en Yalahau.
Le ganó la risa por más de veinte minutos.

Roe

¿Qué tal si la naturaleza decide que tiene otros planes para nosotros? ¿Qué haremos entonces? ¿Trataremos aún de salvar el planeta? Me pregunto, sin embargo, si deberíamos acercarnos a los turistas en el ferry? ¿Qué pasaría si los abordamos en grupos para hablarsles del problema del drenaje y se voltean y se van? ¿Entonces qué? Están profundamente perturbados por la basura, así que creo que se preocuparán por el otro tema, los otros desperdicios.

Susana

¿Con qué estamos lidiando exactamente? ¿Cuál es el problema?

Roe

¿Adónde va nuestra mierda después que las fosas sépticas son drenadas y bombeadas? ¿Adónde va todo si se tiene que ir a algún lugar fuera de la vista de todos? No estoy asumiendo nada;
tan solo estoy preguntando.

Alberto

¿Qué tal el agujero negro? ¿Podemos aventarla al agujero negro?

Roe

Es muy valiosa para aventarla.
Todos nos beneficiamos de nuestra mierda.

Se cierran las cortinas al final de la semana tres

Estoy abierta a las infinitas posibilidades de una obra de teatro o de una exposición en un museo que muestre el potencial de los residuos humanos.

Esto es un manifiesto

Un día paseábamos con el perro de la residencia y echó una cagada: Una mierda gigante de gran danés.

No teníamos nada para recogerla y tirarla a la basura. Encontré una hoja grande y una cáscara de coco. Lo cubrí y asumí que la naturaleza haría su trabajo. Existen nuevas prácticas en donde se alienta a los dueños de los perros a llevarse el desperdicio del perro con ellos a su casa para tirarlo por el inodoro. Es la mejor práctica para evitar contaminar los vertederos de basura, en cuyo caso se comprometería la eficacia de la clasificación de la basura y los materiales reciclables. Caca en las calles, como en Holbox cuando llueve. La caca de perro significa problemas para los desagües porque la caca de perro que queda en las calles o en el césped, fluye hacia los desagües después de la lluvia.

Los desechos humanos y los del mejor amigo del hombre, son un problema universal. Ya no es posible poner la mierda fuera de la vista y fuera de la mente. Tendremos que lidiar con la mierda después de tirar nuestra caca y la caca de nuestra mascota por el inodoro en nuestros hogares.

Me alejé de ese baño exterior y ya nunca miré hacia atrás. Había estado en esa casa por años y era una casa, a diferencia de la anterior. Me alimentaban, educaban y amaban familiares distantes que me visitaban, vecinos, y las tres hermanas que perdieron su casa en una inundación. Flotaban sobre el tejado de su choza cuando las mareas inundaron las presas. Las trajeron a la casa para que vivieran con nosotros.

Pienso en los ojos saltones de Shelly. Ella era mi pelícano. Se aseguraba de que mantuviera a mi madre viva en mi corazón. Con Shelly y sus dos hermanas cerca, aprendí a reír después de años de casi no hablar.

La abandoné años después. Abandoné cada carta, cada intento de aferrarme a una amistad como lo hice con todos los demás después de que me fui de casa. Siempre he pensado que era el dolor de observarlos vivir de la manera en que lo hacían, incapaz de comprar una bolsa de harina a veces. ¿Es posible que los abandonara debido a que el mismo suelo que pisaban ensombrecía algo de mí misma que no tenía forma de comprender en aquel momento? ¿Me perdonarán alguna vez y tendré la fuerza de presentarme ante su puerta?

¿Le pido perdón a Dios o se lo pido a ellos directamente?

Fue en la pirámide cerca de Mérida en donde aprendimos que desde que Chichén Itzá se había convertido en una de *Las nuevas siete maravillas del mundo,* había habido una reducción importante en el número de visitantes, incluyendo a los propios mexicanos. Me emocionó explorar las tierras de Uxmal sin la molestia de encontrarme turistas de como en Chichén Itzá. Sentí la a santidad de la tierra de Uxmal como nunca antes había experimentado ninguna tierra y luego aprendí de nuestro guía turístico sobre la creencia mormona de que Jesucristo, después de su resurrección, fue a México, a este lugar.

¿Estábamos parados en un sitio más sagrado que el lugar de nacimiento de Jesucristo?

Comimos con el conductor de nuestro taxi. Éramos los únicos invitados en el restaurante. Nuestro grupo de guerreros ecológicos había tomado un necesario descanso de las actividades de grupo, así que quedábamos tres en este viaje. Era una aventura sin prisas, tranquila, fuera del camino transitado. El mesero nos habló de muchos otros restaurantes y hoteles que ya no funcionaban desde que Chichén Itzá fue agregada a la lista de las maravillas.

Tan pronto como tuve servicio en mi teléfono, contacté a alguien que sabía que pertenecía a la iglesia mormona en mi vecindario en Queens, NY. Confirmaron que Jesús murió y fue a México.

Guiados por Marta, arrojamos copal al fuego y saltamos cuánticamente hacia nuestros sueños.

Me di permiso para soñar porque sentí que lo merecía.

Agradezco a mi familia en Holbox: Marta, gracias por tener tal fe inquebrantable y confianza en mí. Iván, gracias por recordarme que todo es sagrado y gracias por las lecciones de arte. Susana, tu artículo sobre Holbox, en el que mencionaste la desaparición de las tortugas carey, me inspiró enormemente. Te agradezco Alberto por dejarme entrar a tu mundo de música. Fabián, me disculpo por reírme de ti la primera vez que tuviste un renacimiento cerca de mí cuando caminábamos en la calle. La próxima vez que esto suceda, tendré una reacción diferente. Lonica, te agradezco por ser mi traductora, por rescatar mi piel del sol con tu poción hecha en casa y una crema misteriosa para la dermatitis, de pañal de bebé. ¡Funcionó! Gracias por ser parte instrumental de este trabajo, por la comprobación de hechos con tu más de veinte años de vivencia en Holbox y por toda tu orientación a lo largo del proceso creativo.

Gracias a mi querida amiga y hermana Giaura Fenris por llevar la fiesta contigo a Holbox y permitirme quedarme en tu casa en donde terminé las últimas frases de esta página.

Gracias a mi familia de Nueva York y a mi amigo Tim Pourbaix, el músico y maestro de matemáticas que leyó mi boceto inicial y me apoyó con retroalimentación positiva. Durante la pandemia, me dijiste cómo viste al compositor en ti dejar tu cuerpo, como si volara. Como un pájaro. Cuando regrese, ¿podemos reunirnos con Donny y Nancy para hacer algo parecido en nuestras noches de micrófono abierto? Estas noches eran lo mejor de mi semana. Es donde conocí a Anjum Singh, que también leyó un boceto inicial de este trabajo y me guió a través de mi bloqueo creativo.

Un enorme agradecimiento a mi prima Devi Richards, quien trabaja como bombero para una municipio de Canadá. Formamos un lazo en el 2022, cuando supe que tenías la llave de una puerta por la que necesitaba entrar. La artista en ti alentó mi curiosidad y respondió a mis preguntas. Te agradezco por permitirme aprender de tu cerebro y responder a mis llamadas, textos y correos electrónicos cuando olvidé que eras una profesora de universidad y una feroz madre para tus dos hijos y un cachorrito.

Gracias a la antropóloga culinaria Laura Licona, por ser brillante y apasionada. ¡Por la sinergia de conocerte después de Holbox! Gracias por compartir tu México conmigo.

Gracias a mis tres mejores amigos Lanie Mohallal, Elif Beich y Kasia Evans por creer en mí a pesar de lo poco que los veo a cada uno y por perdonarme por perderme los cumpleaños y graduaciones de sus hijos y otros logros. A Niri, Pretty y Ravi, gracias por mostrarme cómo se hacían las cosas cuando llegué a Nueva York.

A mi sobrino Kyle, eres muy especial, querido, eres aquello con lo que te sientes conectado. Espero que sientas la gracia de la fuente divina que sostiene la llave para abrir tu potencial. Para Hanna, estoy orgullosa de la persona en la que te has convertido.

A mis padres, este trofeo no es por algo que escribí. Este trofeo es para que ustedes sepan que su sacrificio valió la pena. Gané algo por todo lo demás que me perdí, como los días en el río. Gracias a mis primos por el río. Esos meses con ustedes en el río Pomeroon fueron los mejores días de mi vida.

A cada niño que nunca ha conocido el amor de una madre o un padre, escuchen el agua. Los lagos son tranquilos y buenos para lanzar piedrecitas. Los ríos son nuestras abuelas y los océanos, los océanos te llevarán adonde quieras ir.

Traducido por Miriam Ocampo

GREGG HARPER

Unconformity Quaternio I, 2022
Layered photo-acetate prints, photographic print, thread.

Cuaternio discordante I, 2022
Foto en capas, impresión en acetato, impresión fotográfica, hilo.

Unconformity Quaternio II, 2022
Layered photo-acetate prints, photographic prints, thread.

Cuaternio discordante II, 2022
Foto en capas, impresión en acetato, impresión fotográfica, hilo.

Unconformity

Though I'm using this term metaphorically, an unconformity is a geological term indicating an interruption in the natural stratigraphy due to a cataclysmic geological event.

Quaternio / Quaternion

The form as I apply it is an evaluative graphic used by mathematicians and physicists. In the book of published correspondence between physicist Wolfgang Pauli and Psychoanalyst Carl Jung, it is used to evaluate the concept of synchronicity.

I conflate this form with the practice of Etruscan Augurs - the priests called upon to provide the Etruscan leaders with an oracular determination based upon dividing the sky into cardinal points and watching from which direction birds would fly into the priest's field of view. Types of birds or song birds each had particular meaning. From the standpoint of direction, generally Northeast = Auspicious, Northwest = somewhat auspicious, Southwest = somewhat inauspicious, Southeast = inauspicious. Etruscans would also include the examination of a rabbit's liver by a Haruspex.

Augur/Augury, is from the Latin "Auspex" – one who watches birds - the Romans adopted this approach but without the examination of a sacrificed animal's liver.

It was also the basic design form suggested by Roman architect Vitruvius in determining the layout of Roman cities - Kardo (N/S) and Decumanus (E/W), which were the main avenues around which a city was built. And, siting a city included an evaluation of wind directions deemed healthy or unhealthy and how they might affect a city's populace.

I make my work in an attempt to probe questions that fascinate me. They are based in aspects of human prehistory/history (generally archaeological) and within a world-wide context.

What is the root of the importance that many ascribe to the oracular rituals of spirituality, not just "religious", but those that attempt to predict future outcomes? What is the evolutionary path of the human moving away from the "Magic Universe"[1] where humans related to nature as part and parcel of it – knew its language – to the "Mythical Universe"* when we would come to see ourselves as separate from it? How does this thinking affect our commitment to nurturing or exploiting nature…or each other? Is this evolutionary or de-evolutionary?

With this in mind most of the components used in my collage and assemblage forms are ready-made materials that are recycled to use with my own photography, painting, drawing, claywork and embroidery. These are two of my open-ended responses.

1] *The Masks of the Universe*, Edward Harrison, 1985/2003.

Discordancia

Aunque estoy usando este término metafóricamente, una discordancia es un término geológico que indica una interrupción en la estratigrafía debido a un evento geológico cataclísmico.

Cuaternio / Cuaternión

La forma, como la aplico, es un gráfico evaluativo usado por matemáticos y físicos. En el libro de correspondencia publicada entre el físico Wolfgang Pauli y el psicoanalista Carl Jung, la forma es usada para evaluar el concepto de sincronicidad.

Combino esta forma con la práctica de los augures etruscos, los sacerdotes llamados a proveerles a los líderes etruscos una resolución oracular basada en dividir el cielo en puntos cardinales y en contemplar en qué dirección los pájaros volarían, desde el campo de visión de los sacerdotes. Cada tipo de pájaro y cada canción que cantaban tenía un significado particular. Desde el punto de vista de la dirección, generalmente noreste = auspicioso, noroeste = de alguna manera auspicioso, sudoeste = de alguna manera nada auspicioso; sudeste = nada auspicioso. Los etruscos también incluirían el examen de un hígado de conejo a cargo de un arúspice.

Augurar/Augurio, viene del latín "Auspex", uno que mira a los pájaros. Los romanos adoptaron este abordaje, pero sin examinar el hígado de un animal sacrificado.

También era la forma de diseño básica sugerida por el arquitecto romano Vitruvius para determinar el plano de las ciudades romanas: Cardo (N/S) y Decumano (E/O) eran las avenidas principales alrededor de las cuales la ciudad fue construida. Ubicaba una ciudad incluyendo una evaluación de si las direcciones del viento eran estimadas sanas o enfermas y en cómo esto podía afectar a la población de la ciudad.

Hago mi trabajo en un intento de indagar en preguntas que me fascinan. Están basadas en aspectos de la prehistoria/historia humana (generalmente arqueológica) y dentro de un contexto mundial.

¿Cuál es la raíz de la importancia que muchos le atribuyen a los rituales oraculares de espiritualidad, no solamente "religiosos", sino esos que intentaron predecir resultados futuros? ¿Cuál es el camino evolutivo de los humanos alejándose del "Universo mágico",[1] donde los humanos se relacionan con la naturaleza como una parte y una parcela de ella – conocíamos su lenguaje – a un "Universo mítico", donde nos veríamos separados de ella? ¿Cómo afecta este modo de pensar a nuestro compromiso de nutrir o explotar la naturaleza… o entre sí? ¿Es esto evolutivo o involutivo?

Con esto en mente, la mayoría de los componentes usados en mi collage y en mis formas ensambladas son materiales ready-made que son reciclados para usar con mis propias fotografías, pinturas, dibujos, y mis trabajos en arcilla y bordado. Estas son dos de mis respuestas abiertas.

Traducido por Pablo Natale

1] *Las máscaras del Universo*, Edward Harrison, 1985/2003.

HUGO CLEMENTE

August

As everyone knows, August ends on September the fifteenth and we will no longer be here. Along the winding curves that lead to the beach, rental motorhomes plastered with motivational quotes like "*One life, live it*", "*Good vibes*", and "*Vitamin Sea*" line up one after the other. Inside the caravans, cable TV fills the silence, potted basil wafts through the air and couples stare at one another as if they owe each other money. "*Peter Van*", "*A room with a view*", "*Don't grow up, get bigger toys*." Chunks of ice break off the peaks and cornices into the sea. The lead-colored snow is mixed with silicone, industrial glues and polyurethane. Autumn should bring good waves but it only drags in rusty cans and grocery bags. It should bring a good swell from the West but from here the ocean looks just like an inflatable ball pit.

We take turns driving as we follow the waves and the rhythm of the dead. The deafening silence speaks louder than our words. At night we travel, clinging to the wheel. Our lungs are tired of hiding creatures under our chests. Feet on the dash while the other drives for the day. We're living the life, kid. We brush our teeth, barefoot, at the door of the van on moonlit nights. We rinse with the most expensive water in existence, bottled in Fiji, the only one left in looted gas stations. We need to go.

—What did I say about barking, huh? What did I say? Do we bark? Huh? Do we bark? No, we don't! —Our new neighbor talks to her dog, in other words, alone. In the makeshift camp on the shoulder of the road, the women eagerly cook the seagulls that have dropped dead and the men take their naps with cigarettes in their mouths. Then they all get together at night for the Eurocup. Groups of children run between the caravans. In the morning the bakery van parks next to ours, signaling its arrival with three short beeps. Freshly made bread, empanada and croissants. Girls in skimpy thongs with their mother's purses under their arms stand in line sulking. Chubby children greet us as they chase cats laughing and gasping for air.

We sleep parked against the gutters with our seats reclined. The creature jostling our lungs turns on itself. We arrive in time to swim and watch the sunset, neck deep in the murky ocean. Perfect waves rise out of nowhere in both directions. Taut and smooth as blown glass. Easily the size of a calm woman. If only we were blind, so we wouldn't need the light and could play with the waves all night. We think we see shooting stars from above, but it turns out to be a tourist emptying an ashtray full of embers.

In the morning we find the same girl with her dog squatting by the door of her lodging with her bathing suit around her ankles. We are parked beside her, jam-packed in the stubble and meadow. After wiping herself clean, she is greeted by the barking of her dog. She ties the punishment leash around him and punches his nose until she gets bored. She is here working online and she speaks very loudly. She's a broker or a crypto miner. The silence that remains is of cats sniffing through the garbage.

Wetsuits are our skin. Tight at our necks and ankles, they complete the epidermis and cover the marks of the creatures hidden in our lungs. Catching waves feeds our nostalgia. That is why we have decided not to enter the water anymore now that the bay collects dead rabbits, blood-stained tires and bales of soaked cocaine. However, the line-up is full of kids with fluorescent boards and cameras on their wrists. They believe they are looking for what is hidden between wave and wave or between waves and the sea but, they just find their own image with their fingers raised as a sign of victory.

They like the views from the safety rails. They like them better than the buildings they see from their homes every day. They feel wild yet disoriented by the wooded landscape. They like the rain, but they don't notice the orderly rows of eucalyptus trees on the hillside. Nor the neat stripes that form the firebreaks around the dark soil in the simulated forest. The eucalyptus grows fast. Its trunk is coveted by loggers but the shape of its leaf favors the spread of fire. Their spikes carry spores, or flames.

Our neighbor has organized a raid to lynch the elderly Belgians in order to get their parking space. Piles of tires drenched in gas wait for a light. Next to it, a group forms looking for information. Apparently, a piece of land is breaking away from the continent and will drift West. Apparently, there is a new app to follow the trail of the millionaires' yachts on their summer vacations. It turns out that the new island is emerging right here, where we find ourselves weakening and consuming the vigor of every stone. Little by little we ceased to be part of the continent. Everything seems the same as always until you reach the AG-7 exit where empty bottles and face-down bodies wash ashore. Tar cracks on a shoulder road dissolve in a discontinuous line until it plunges squarely into a sea of frigates. Soon, we will be that drifting island. We are no longer on solid ground. The ten largest fortunes on the planet have decided to spend their holidays bordering our island with their yachts. Their helicopters ripple through the surface of the water as they approach us.

It will be difficult for all of us to return home. The roads are closed and drones from different companies fly over us. Sometimes they broadcast messages over the public address system and other times, they throw out packages with chickpeas or cartons of milk that rain down on us like bricks. Although coming home is a type of captivity, an empty mussel shell, people want to get home in time for the catastrophe. They do squats leaning on the bike racks at the tailgates. They came all the way here just to stay in shape. They don't know how to listen to the sea. Empty plasma bags roll at the mercy of the wind. There are children butchering deer in the showers on the beach and trails of red ants carrying fish bones that get lost in the dunes among the horseflies. The stench of the sewage dumped on the road is permanent although, and this is important, the smells won't come up in a photo.

The thunder invites us to smoke and to forget the omens. Everything revolved around the tides until the rainbow began to share the sky with lightning, hail and typhoons with the highest temperatures since records exist. A family with seven children and a ferret gets all dressed up. They do pull-ups smeared with margarine. They look for the helicopter cameras to share their experiences, stories and ukulele songs. Foreigners have a huge advantage in terms of respect for the ground they walk on. They tie up used condoms before throwing them out the window and stylishly hook toilet paper scarves to bushes.

—Trash— says our neighbor. We don't know her name but it doesn't matter, now that the beach is burning —I trash—she says, yawning in our faces. Our island has completely broken off. The sand is the size of rice grains. The floor of the bay is colored by the plastic that composes it. Our island, suspended in the vortex of ocean currents, causes the sand to crackle as it burns.

Translated by Claudio Villar

Agosto

Como todo el mundo sabe, agosto termina el quince de septiembre y ya no estaremos aquí. En las curvas que conducen a la playa, se alinean unas detrás de otras las autocaravanas de alquiler rotuladas con frases motivacionales: *One life, live it, Good vibes, Vitamin Sea*. Dentro de las caravanas, televisión por cable, macetas con albahaca y parejas que se miran como si se debieran dinero. *Peter Van, Una habitación con vistas, Don't grow up, get bigger toys*. Pedazos de hielo caen al mar derritiéndose desde las cornisas de las cumbres. La nieve color plomo se mezcla con silicona, colas industriales y poliuretano. El otoño debería estar trayendo buenas olas pero solo trae bidones y bolsas de supermercado. Debería traer una buena fuerza del oeste pero desde aquí vemos el mar y está como una piscina de bolas.

Nos turnamos para conducir siguiendo el ritmo de los muertos y las olas. El silencio de nuestras frases dice más que las palabras. Por la noche viajamos agarrados al volante. Nuestros pulmones están cansados de esconder animales bajo el pecho. Los pies sobre el salpicadero mientras que el otro conduce por el día. Nuestra vida es puro lujo. Nos lavamos los dientes, descalzos, a la puerta del furgón las noches claras por la luna. Nos enjuagamos con el agua más cara que existe —embotellada en las Fiji— la única que queda en las gasolineras saqueadas. Tenemos que darnos prisa.

—¿Qué te digo de ladrar?, ¿eh?, ¿qué te digo de ladrar?,¿se ladra?, ¿se ladra? ¡No! ¡No se ladra!— Nuestra nueva vecina habla con su perro, es decir, sola. En el campamento improvisado en el arcén, las mujeres cocinan las gaviotas que encuentran desplomadas y los hombres se echan la siesta con cigarros en la boca. Después todos se juntan a la noche para la Eurocopa. Los niños corretean en grupo entre las caravanas. Por la mañana la furgoneta de la panadera aparca junto a la nuestra avisando con tres pitidos breves. Pan recién hecho, empanada y cruasanes. Niñas en tanga con el monedero de su madre bajo el brazo hacen cola enfurruñadas. Niños gordechos nos saludan aunque anden persiguiendo gatos y al reír, lo hacen con todo.

Dormimos contra las cunetas sobre asientos reclinables. El animal que agita nuestros pulmones da vueltas sobre sí mismo. Llegamos a tiempo de bañarnos y ver la puesta de sol sumergidos hasta el cuello en un océano turbio. Surgen de la nada olas perfectas a ambos lados. Tensas y lisas como cristal soplado. Del tamaño de una mujer tranquila. Ojalá fuéramos ciegos para no necesitar la luz y poder jugar con ellas esta noche. Creemos ver una lluvia de estrellas desde la claraboya pero es un turista vaciando un cenicero lleno de ascuas.

Por la mañana nos encontramos a la chica del perro en cuclillas y con el bañador bajado junto a la puerta de su capuchina. Estamos aparcados a su alrededor, hacinados en rastrojeras y dehesas. Después de limpiarse, le reciben los ladridos de su perro. Le pone la correa de castigo y le pega puñetazos en el morro hasta aburrirse. Viene a teletrabajar y habla muy alto. Es *broker* o mina *cripto*. El silencio que se queda es de gatos husmeando en la basura.

El neopreno es nuestra piel. Ceñido al cuello y los tobillos, completa la epidermis y cubre las marcas de los animales escondidos del pulmón. Coger olas es nuestra forma de nostalgia. Por eso hemos decidido no entrar más al agua ahora que la bahía recoge conejos muertos, neumáticos manchadas de sangre y fardos de cocaína empapada. Sin embargo, los picos están llenos de chicos con tablas fluorescentes y cámaras en las muñecas. Creen buscar lo que se oculta entre ola y ola y entre ola y mar, pero encuentran sus propias imágenes con los dedos levantados en señal de victoria.

Les gustan las vistas desde el quitamiedos. Al compararlas con los edificios que ven desde sus casas a diario se sienten salvajes, pero se desorientan por el paisaje boscoso. La lluvia les gusta, pero no ven las hileras ordenadas de eucaliptos en la ladera. Ni la pulcra franja que forma el cortafuegos alrededor de la tierra negra en el simulacro del bosque. El eucalipto crece rápido. Su tronco es codiciado por las madereras aunque la forma de su hoja propicie la expansión del fuego. Sus púas transportan esporas o llamas.

Nuestra vecina ha organizado una batida para linchar a los ancianos belgas y conseguir su plaza de aparcamiento. Pilas de neumáticos esperan a que se les dé lumbre. Al lado se forma un corrillo buscando información. Al parecer, un trozo de tierra se está desprendiendo del continente y fluirá a la deriva hacia el oeste. Al parecer hay una nueva app para poder seguir la ruta de los yates de los millonarios en sus vacaciones de verano. Resulta que la nueva isla se está gestando exactamente aquí, donde nos encontramos debilitando y consumiendo el vigor de cada piedra. Dejamos poco a poco de formar parte del continente. Todo parece igual que siempre hasta que llegas a la incorporación de la AG-7 donde flotan botellas vacías y cuerpos bocabajo. Grietas de alquitrán de un arcén se deshacen en una línea discontinua hasta meterse de lleno en el mar rodeado por fragatas. Pronto seremos esa isla a la deriva. No pisamos tierra firme. Las diez mayores fortunas del planeta han decidido pasar sus vacaciones bordeando nuestra isla con sus yates. Sus helicópteros arrugan la superficie del agua cuando se nos acercan.

Será difícil que volvamos a casa. Las carreteras están cortadas y nos sobrevuelan drones de distinto logos y tamaños. A veces emiten mensajes por megafonía y otras, echan paquetes con garbanzos y *briks* de leche que nos llueven como ladrillos. Aunque volver a casa sea una forma de cautividad, la concha de un mejillón vacía, la gente quiere volver a casa a tiempo para la catástrofe. Hacen sentadillas apoyándose en los portabicis de los portones traseros. Han venido a estar en forma. No saben escuchar el mar. Bolsas de plasma vacías ruedan a merced del viento. Hay niños despiezando ciervos en las duchas de la playa y regueros de hormigas rojas llevando espinas de pescado que se pierden por las dunas entre tábanos y moscas. La pestilencia de las aguas negras vaciadas sobre la carretera es permanente aunque, y esto es importante, los olores no salen en las fotos.

Cada trueno invita a fumar y a olvidar los presagios. Todo giraba en torno a las mareas hasta que el arco iris ha empezado a compartir el cielo con rayos, granizo, tifones y las temperaturas más altas desde que existen registros. Una familia con siete hijos y un hurón se arregla. Hacen dominadas embadurnados en margarina. Miran a las cámaras de los helicópteros compartiendo experiencias, *stories* y ukelele. Los extranjeros nos llevan una enorme ventaja en cuanto al respeto al suelo que pisan. Anudan los condones usados antes de tirarlos por la ventanilla y enganchan con estilo fulares de papel higiénico en los matorrales.

—Agosto—dice la vecina. No sabemos su nombre pero no importa, ahora que prende la playa —Yo agosto— nos dice, y nos bosteza en la cara. Nuestra isla se ha desprendido del todo. La arena tiene el tamaño de los granos de arroz. El suelo de la bahía es de colores por el plástico que la compone. Nuestra isla, suspendida en el vórtice de las corrientes marinas, hace que cruja la arena al arder.

YUSI YAREILY SABIDO CORREA

Regreso a casa

He sobrevivido una vez más…
a estas multitudes que desconozco
a este hedor que no aparece en mis recuerdos
a este blanco barro que cubre mis dedos ansiosos.

He sobrevivido una vez más…
al bullicio asfixiante de las noches
al ir y venir de motores que me aturden los sentidos
al saqueo intenso de mis esqueléticas arcas.

He sobrevivido una vez más…
a las finas arrugas en las manos de mi abuela
al canto y ritmo de mi apellido
a las lágrimas melancólicas de mis sangre.

He sobrevivido una vez más…
a estremecerme en mis remembranzas
al deseo incesante de volver al pasado
a sumergirme en el huano de esa casa que me cuenta mi niñez
a la añoranza de mis pies hundidos en arena blanca
al chillido de las gaviotas que no termino de contar.

He sobrevivido una vez más…
al molesto trayecto entre letreros y zanjas
a meter mis enojos en estas maletas
a partir llorando como siempre por el anhelo de volver…

Come Back Home

One more time, I have survived…
these crowds being unrecognizable
this stench being a stranger to my memories
this white mud covering my anxious fingers.

One more time, I have survived…
the suffocating bustle of the nights
the engines come and go stunning my senses
the intense plundering of my skeletal arcs.

One more time, I have survived…
the fine wrinkles on my grandmother's hands
the melody and rhythm of my last name
the melancholy tears of my blood.

One more time, I have survived…
my shuddering while I remember
the incessant desire to go back in time
the way I submerge in the compost of that house which narrates to me
my childhood
the missing of my feet sunk in white sand
the screeching of the seagulls that I can't count.

One more time, I have survived…
the annoying journey with signs and ditches
the act of putting my anger in these suitcases
the act of leaving while crying for the longing to come back, as always…

El Holbox de mis recuerdos

Papi ya llega,
lo veo balanceándose en la proa de su barca,
espero ansiosa el desayuno
seguramente será pámpano a la plancha.

Mami ya ha ido por el pan,
nos sentamos en la vieja mesa de madera a la sombra de la uva,
aquí estamos de nuevo
escuchando las historias de mi viejo
hermano que abre los ojos grandes que terminan en un inmenso lunar.

Él sabe que pronto podrá ver lo que hoy escucha,
montañas de langostas en el bajo
los gigantes dominós que traen el cardumen
de lo que pagará las mil cuentas
delfines que aparecen entre la espuma de las olas.

El sol está en lo más alto del cielo,
corremos ansiosos por el caminito blanco de arena
nos sumergimos en las aguas claras de este mar que nos hipnotiza
no sé si regresamos por cansancio o porque la noche ya viene
nos quitamos la sal a cubetazos con agua fresca del pozo
aquí hago una pausa para secar mis lágrimas de añoranza.

La noche cae
hay eclipse
nos apresuramos a ganar lugar en la carreta del tío
un kilómetro, dos, tal vez tres

The Holbox of my Memories

Daddy is almost here,
I can see him swinging on the bow of his boat,
I want to have breakfast so bad,
I bet it will be baked fish fillet.

Mommy got the bread already,
We sit at the old wooden table under the shade of the grape tree,
here we are again,
listening to the stories of my old
brother who opens his eyes so widely that they look like a huge mole.

He knows that soon he will be able to see what he can hear as of today,
the mountains of lobsters at the shore
the giant whale sharks bringing the shoal that pays all the bills
the dolphins coming out of the foam of the waves.

The sun is high in the sky
we sprint along the white sandy little path
we submerge in the clear waters of this hypnotizing sea
I don't know if we're going back because we're tired
or because the night is falling
we remove the salt with freshwater buckets from the well…
In this moment, I need a minute to dry my tears of longing.

The night is falling
There is an eclipse
We rush to get a spot in the uncle's wagon
one kilometer, two, maybe three
we move along the shore of the beach
among the murmur of the waves,
with the blue of the algae reacting to our contact

avanzamos por la orilla de la playa
entre el murmullo de las olas,
entre el azul de las algas que reaccionan al contacto
entre zumbidos de moscos y piquetes de chaquistes
para tumbarnos en la arena y contemplar al sol comiéndose a la luna.

Tantos recuerdos…
que ya no existen más que en mi memoria,
más que en la agudeza de mis sentidos
esos que reaccionan con un buen baño de mar
con las notas y el meneo del carnaval
con los golpes secos de la lancha a medio mar rumbo al cabo
con una caminata en el bajo contando historias a mis hijos
con el sonido de la brisa marina de un negromaco en mi oído
con el ritmo contagioso del reggae que me regresa en el tiempo y me dibuja una sonrisa traviesa.

Mucho de eso se ha ido
pero me gusta volver
y relatar las historias del Holbox de mis recuerdos.

with the buzzing of the flies and the biting of mosquitos
to lie on the sand and watch the sun eat the moon.

So many memories...
no longer existing but in my memory,
in the acuteness of my senses,
those which react with a good sea bath,
with the notes and the wiggle of the carnival,
with the dry strokes of the boat halfway out to the cape,
with a walk on the shore while telling stories to my kids,
with the sound of the sea breeze of a seashell in my ear
with the catchy rhythm of reggae that takes me back in time and puts a mischievous smile on my face.

A lot of that is already gone,
but I like to remember
and tell the stories of the Holbox of my memories.

Translated by Katzen Castro

SUSANA MARTÍN GIJÓN

One (More) Spanish Woman in Holbox

Most Spaniards who travel to Mexico do so in order to discover the idyllic beaches of Cancun and its surroundings armed with a piña colada and a hammock at a fine resort. They will eat one burrito or another, drink tequila with salt, take photos by the turquoise sea, avoid the hordes of tourists as they try to capture the perfect picture, the one that will attract the most "likes." The white tan mark left by the "all included" bracelet will be proof of their great trip, exhibited with pride. That's the desired destination of most of the four hundred thirty-two passengers flying on the same jet as me from Madrid, many of them students on their graduation trip carrying overstuffed travel bags.

Few of them venture so far as the island of Holbox, unknown to most people in my country. Those who make the trip are seeking a certain essence they will never find in one of those mega-tourist resorts. But, by faith, some arrive here. On the second day of my stay, strolling along the beach of Punta Coços, I saw a girl reading a novel by Carmen Mola. If ever there was a made-in-Spain crime thriller that transcended borders, it's *La novia gitana* (*The Gypsy Bride*), translated into more than twenty languages. But, my goodness, I said to myself, here in Holbox? Yes, here too. And in the original version. One of the few Spaniards had brought it with her. And she was reading it stretched out on a chaise lounge at her luxury hotel, happy as a clam.

Nonetheless, many of these travelers, whether Spanish, North American, or even from Mexico, will not go further than the confines of the beach other than to walk along the lively street, Tiburón Ballena, in search of live music, or to walk through the central park with its colorful Band Shell and to eat pizza with shrimp at the Edelyn Restaurant, as mandated by the tourist guides. They will leave without knowing that five minutes away all kinds of waste are accumulating among the mangroves, that the kid who prepared them a fresh coconut at the foot of their chaise lounge lives in a hut that floods every time it rains, that the Hawksbill Sea Turtles are no longer sighted and that before thrill seekers like themselves arrived in multitudes, the streets were not solid packed but were white sand glowing under the full moon. That the paradise they believe the island to be was just enjoyed by the Holbox islanders before we all arrived led by the hand of the capitalist system to take photographs for our social network profiles. They will leave enamored of Holbox, yes, but with that idealized blind love we employ without actually knowing the person we have right before us.

It is precisely this vision that Marta del Pozo and Iván Pérez-Blanco Aviléz would like to change by establishing the Quantum Prose artistic and literary residency project in order to expose the complex situation of Holbox beyond the perimeter of the island. While riding a bicycle without brakes, one has no choice but to confront the evidence: the shacks facing the mangroves (as well as cement structures being built from one day to the next), far from the hotels with hammocks lining the beach, dodging potholes and puddles. The shacks and garbage, the poverty and lack of sustainability of the mode of life we form part of even when we believe ourselves to be intrepid ecotourists because we have braved a two-hour voyage by van and resisted wearing our bracelets.

And here I am. Pedaling and sliding in the mud. Bumping into wagons carrying tourists (I still haven't learned to ride without brakes). Eating the plate of the day at the restaurant "Los Abuelos," listening to the children play mandolin as taught by old Don Víctor and watching the sunset over Isla de la Pasión and people practicing karate. Awakening in nature, surprised by iguanas passing next to me as I write these notes. Scratching madly at gnat bites and lathering my sunburnt shoulders with aloe lotion. As well as getting drenched in the middle of the night in my bucolic wooden cabin because, listen: when the North wind lashes out, it rains without compassion. And I still haven't been caught in the middle of the Majaché tropical storm.

So, you find yourself in a few tight spots, moments of euphoria blend with others of pure desperation and, ultimately, you go through all the stages of a relationship until deciding that, yes, you love the island despite and precisely because of every single one of its contradictions and that, because of them, and because the island is so fragile and vulnerable, you would like to protect it in every way you can. You don't want to retain the idealized version of the island portrayed in Instagram photos. You want to establish a real and faithful commitment. And, even if you can't always remain at its side, you can at least hope that those who do will treat it in the best possible way. You hope that Holbox will continue to be a paradise for all the species that inhabit it, and not just for consumerists intrepidus. Because mature love, true love, demands commitment and generosity. Much generosity. And I am grateful to Quantum Prose for communicating this to us.

Translated by Peter Kahn

Una española (más) en Holbox

La mayoría de españoles que viajan a México lo hacen para conocer las playas paradisíacas de Cancún y alrededores pertrechados con una piña colada en las hamacas de algún buen resort. Se comerán algún que otro burrito, beberán tequila con sal y se harán fotos frente a un mar turquesa, esquivando con el objetivo las hordas de molestos turistas que les estorban para la foto perfecta, merecedora de muchos *likes*. La marca blanca que les dejará la pulserita del "todo incluido" será la prueba de cargo de su gran viaje, que exhibirán con orgullo. A ese destino se dirigía la mayoría de los cuatrocientos treinta y dos pasajeros que volaron en el mismo avión que yo desde Madrid, muchos de ellos estudiantes en viaje de fin de grado con maletas que sobrepasaban su propio tamaño.

Son muy pocos los que se aventuran hasta la isla de Holbox, desconocida para la mayoría en mi país. Quienes lo hacen buscan una esencia que jamás encontrarán en ese tipo de macrocomplejos turísticos. Pero a fe que algunos llegan. En mi segundo día de estancia paseando por la playa de Punta Cocos vi a una chica leyendo una novela de Carmen Mola. Si hay un *thriller* criminal *made in Spain* que ha traspasado fronteras, ese es La novia gitana, traducida a más de veinte idiomas. Pero, carajo, ¿también en Holbox?, me dije. Pues sí, también. Y en su versión original. Lo había traído consigo una de esos escasos españoles. Y lo leía en su tumbona de hotel de lujo, feliz como una perdiz.

Sin embargo, muchos de estos viajeros, ya sean españoles, estadounidenses o del propio México, no pasarán de la línea de playa más que para aventurarse en la animada calle Tiburón Ballena en busca de música en vivo, pasear por el parque central con su colorida Concha Acústica y comer la pizza de langosta en el restaurante Edelyn; como mandan los cánones del buen turista. Se irán sin saber que a cinco minutos de ahí todo tipo de desperdicios se acumula entre los manglares, que el chamaquito que les preparó un coco fresco a pie de tumbona vive en una chabola que se inunda cada vez que llueve, que las tortugas carey ya no se avistan o que antes de que aventureros como ellos arribaran en masa las calles no eran de tierra apisonada, sino de arenas blancas que refulgían con la luna llena. Que el paraíso que ahora creen que es esta isla, era justo el que disfrutaban las y los holboxeños antes de que todos nosotros llegáramos de la mano del sistema capitalista a hacernos fotos para nuestro perfil en la red social. Se irán enamorados de Holbox, sí, pero con ese amor ciego con el que idealizamos sin llegar a conocer a quien tenemos delante de nuestras narices.

Precisamente esa visión es la que pretenden cambiar Marta del Pozo e Iván Pérez-Blanco Avilés, que han puesto en marcha el proyecto de residencia artística y literaria Quantum Prose para dar a conocer la realidad compleja de Holbox fuera del perímetro de la isla. En unas cabañas con vistas al manglar (y a las construcciones de cemento que se levantan de un día para otro), lejos de los hoteles con hamacas en primera línea de playa y sorteando baches y charcos subida a una bicicleta sin frenos, a una no le quedan más cáscaras que toparse con la evidencia. La de las barracas y la basura, la miseria y la insostenibilidad del modelo de vida del que formamos parte incluso cuando nos creemos intrépidos ecoturistas porque nos hacemos dos horas de viaje en una furgoneta y no nos ponemos la pulserita.

Y aquí estoy yo. Pedaleando y resbalando en el barro. Chocándome con carritos que llevan a los turistas (todavía no controlo mucho lo de ir sin frenos). Comiendo en "Los Abuelos" el plato del día, escuchando tocar la mandolina a los niños que enseña el viejo don Víctor y viendo la puesta de sol en la isla de la Pasión de la mano del Karateka. Amaneciendo en plena naturaleza, sorprendiéndome con los garrobos que pasean a mi lado mientras escribo estas notas. Rascándome con saña las picaduras de los chaquistes y poniéndome tajadas de aloe sobre los hombros quemados. También empapándome en mitad de la noche dentro de mi bucólica cabañita de madera porque oigan, aquí cuando azota el Norte, llueve sin compasión. Y eso que aún no me pilló por medio la tormenta del Majaché.

Una, en fin, se ve en algunos aprietos, mezcla momentos de euforia con otros de purita desesperación y, en suma, pasa por todas las fases de una relación hasta elegir que sí, que ama la isla a pesar y precisamente por cada una de sus contradicciones y que, justo por ellas, y porque la sabe frágil y vulnerable, querría protegerla con todo su empeño. Que no se va a quedar con la versión idealizada de las fotos de Instagram. Que quiere construir un compromiso real y leal. Y que, si no puede seguir siempre a su lado, al menos aspira a que quien la elija la trate de la mejor forma posible. Desea que Holbox siga siendo un paraíso para todas las especies que lo habitan, y no solo para el consumistas intrepidus. Porque el amor maduro, el amor verdadero, exige compromiso y generosidad. Mucha generosidad. Y yo agradezco a Quantum Prose que nos lo esté sabiendo transmitir.

BIOS

Leonard Schwartz is the author of numerous books of poetry, including *The New Babel: Towards A Poetics of the Mid-East Crises* (University of Arkansas Press), *Not a Snake* (Chax Press), and *Heavy Sublimation* (Talisman House). His edited and co-translated book of the writings of Benjamin Fondane came out with NYRB under the title *Cine-Poems and other: Selected Writings of Benjamin Fondane.* His most recent works are the Actualities series, the first two of which are *Transparent, to the Stone* and *Two Burned Hotels,* from Goats & Compasses. **Leonard Schwartz** es el autor de varios libros de poesía, entre ellos: *The New Babel: Towards A Poetics of the Mid-East Crises* (University of Arkansas Press), *Not a Snake* (Chax Press), y *Heavy Sublimation* (Talisman House). Editó y co-tradujo el libro *Cine-Poems and other: Selected Writings of Benjamin Fondane,* un libro de escritos de Benjamin Fondane, publicado por la casa editorial NYRB. Entre sus obras más recientes se encuentra la serie Actualities, las dos primeras son *Transparent, to the Stone* y *Two Burned Hotels,* publicadas por la editorial Goats & Compasses.

Fabián Ávila Alatorre (CDMX, April 29, 1978). He is the archetypal short story writer, a passionate engineer, a doctor honoris causa by merit, and a business administrator by profession; a person of free action and thought. He is an entrepreneur and a defender of lost causes; an eternal dreamer who likes hazelnuts, walnuts, gothic music, and good mezcal. He is a fan of acting and classic movies, a bad lover but a good friend of the muses; a voracious reader and a stubborn writer whose goal is to leave a theoretical and practical legacy in the positronic, quantum vibratory contribution, within the infinitesimal placenta we are immersed in. An old soul. / **Fabián Ávila** (CDMX 29 de Abril de 1978). Cuentista por antonomasia, ingeniero de pasión, doctor honoris causa por mérito, administrador de empresas de profesión, de libre hacer y pensamiento, emprendedor y defensor de causas pérdidas, eterno soñador, gustoso de las avellanas, las nueces, la música gótica y el buen mezcal, fanático de la actuación y las películas clásicas, mal amante pero buen amigo de las musas, voraz lector y terco escritor, cuyo objetivo es dejar un legado teórico y práctico para la contribución positrónica, vibratoria cuántica, en la placenta infinitesimal donde estamos inmersos. Un alma vieja.

Juan Andrés García Román holds a PhD in literary theory and works as a teacher and translator, focusing mainly in German and English literature. He has published books of poetry such as *Neorromanticismo* (2023), *Poesía fantástica. Resumen primero 2007 –2019* (2020) or *Fruta para el pajarillo de la superstición* (2016). Among his latest works as a translator and critic, he has produced commented editions of H. P. Lovecraft or R.M. Rilke. He has been awarded fellowships from international residencies for artists such as MacDowell Colony, Vermont Studio Center or Villa Waldberta (Munich, Germany). / **Juan Andrés García Román** posee un doctorado en teoría literaria y trabaja como profesor y traductor. Se especializa principalmente en la literatura alemana e inglesa. Ha publlicado libros de poesía como *Neorromanticismo* (2023), *Poesía fantástica. Resumen primero 2007 - 2019* (2020) o *Fruta para el pajarillo de la superstición* (2016). Entre sus últimos trabajos como traductor y crítico se encuentran las ediciones comentadas de H. P. Lovecraft o R. M. Rilke. Ha recibido becas de estudios de parte de residencias internacionales para artistas como la colonia MacDowell, Vermont Studio Center o Villa Waldberta (Múnich, Alemania).

José Luis Céspedes Huerta (Puebla, Mexico, 1982) has a BA in Economics. He is a baker, candy and tour vendor, social consultant, music lover, writer, and film enthusiast. He has published economic analysis articles and notes for *E-consulta*, the short story "Los cinco sueños" for *Periódico síntesis* and for in *Dos islas, dos mares, Revista virtual cubana*. He attended the Sogem workshops with Oscar López, the Planta Alta workshops with Alejandro Meneses, and the Creative Writing Workshop at Universidad Complutense, Madrid. He resides on Holbox island, Quintana Roo. **José Luis Céspedes Huerta** (Puebla, México, 1982) es licenciado en economía, panadero, vendedor de dulces, tours, consultor social, melómano, escritor y amante del cine. Ha publicado artículos de economía y notas de análisis económico y social para E-consulta, el cuento "Los cinco sueños" en *Periódico síntesis* y en *Dos islas, dos mares, Revista virtual cubana*. Ha participado en los talleres Sogem con Oscar López, en los talleres Planta Alta con Alejandro Meneses y tomado el Taller de escritura creativa de la Universidad Complutense de Madrid. Radicado actualmente en Isla Holbox, Quintana Roo.

Nick Rattner. A 2023 National Endowment for the Arts Translation Fellow, Nick Rattner has served as Editor-in-Chief of *Gulf Coast* and as Collective Member/Editor of *Ugly Duckling Presse*. Recent work has appeared / will soon appear in *Fence, Colorado Review, Sixth Finch,* and *Pleiades*. At present, he is translating the work of Spanish poet Juan Andrés García Román. He lives in Troy, New York, city of crows. / **Nick Rattner**. Becario de Traducción del National Endowment for the Arts en 2023. Nick Rattner fue director editorial de la revista *Gulf Coast* y ha sido miembro colectivo/ editor de *Ugly Duckling Presse*. Su obra más reciente se publicó o publicará próximamente en las revistas *Fence, Colorado Review, Sixth Finch,* y *Pleiades*. Actualmente, es traductor de la obra del poeta español Juan Andrés García Román. Vive en Troy, Nueva York, la ciudad de los cuervos.

Lonica Hennebury is an interdisciplinary artist and naturalist. Her body of work as a multilingual thinker and writer is an observation of life at the intersections of visual linguistics, lexical reflection, the meditative void and the pursuit of equanimity. She is in her element in open, rural spaces, immersed in the melody of flora and fauna - singing with birds, swimming in turquoise. Naturally, she moved to Holbox in 1998. She holds a Master's degree in Language, Culture and International Affairs of the Americas. / **Lonica Hennebury** es una artista interdisciplinaria y naturalista. El cuerpo de su trabajo como pensadora y escritora multilingüe es una observación de la vida en las intersecciones de la lingüística visual, la reflexión léxica, el vacío meditativo y la búsqueda de la ecuanimidad. Está en su elemento en los espacios rurales abiertos, inmersa en la melodía de la flora y fauna - cantando con pájaros, nadando en el turquesa. Naturalmente, se mudó a Holbox en 1998. Posee un máster en Idiomas, Culturas y Asuntos Internacionales de las Américas.

Roe Sarita is a new writer emerging from the tides of repressed childhood trauma that resulted in a somewhat troubled yet sporadically charmed life. Roe grew up in a village on coastal lowlands but spent her adult life in the NYC restaurant industry where she became an observer of human interaction. Roe is discovering her voice within the fluidity of water to transcend themes of identity to cosmic unity. **Roe Sarita** es una escritora novel que emerge de la marea de traumas infantiles reprimidos que crearon una vida tanto problemática como esporádicamente encantadora. Roe creció en un pueblo de tierra costeña, pero pasó su vida adulta en la industria de la restauración de Nueva York, donde se convirtió en una observadora de la interacción humana. Roe está descubriendo su voz dentro de la fluidez del agua para trascender temas de identidad hacia la unidad cósmica.

Gregg Harper holds an MA in Art History from the University of Cincinnati and a BA in Art History and Classical Archaeology from Northern Kentucky University where he received the Outstanding Alumnus Award in 1992. Professionally he has been the director of the Cape Cod Museum of Art (MA) and Behringer-Crawford Museum (KY) and a Cultural Resource Manager with Apex Environmental Engineers, LLC. He is a visual artist whose work has been included in exhibitions in the US and Italy. He resides in Portland, Maine. / **Gregg Harper** posee un máster en Historia del Arte de la Universidad of Cincinnati y una licenciatura en Historia del Arte y Arqueología Clásica de la Northern Kentucky University, donde recibió el premio Outstanding Alumnus en 1992. A nivel profesional, fue director del Cape Cod Museum of Art (MA) y del Behringer-Crawford Museum (KY). También se desempeñó como gestor de recursos culturales en Apex Environmental Engineers, LLC. Es un artista visual cuyo trabajo ha sido incluido en exposiciones de Estados Unidos e Italia. Vive en Portland, Maine.

Hugo Clemente has taught Spanish and cultural studies at Boston College, Boston University, Tufts University, and the University de Santiago de Compostela. He coordinated the Escuela Canaria de Creación Literaria and taught creative writing classes in New York, Boston, Norway, the Canary Islands, Madrid, and Galicia. He has published two novels: *Cuaderno de Agua* and *Fast*. He is the screenwriter and producer of the award- winning surfing documentary *The Blinking Island*. His short stories are included in different collections. / **Hugo Clemente** ha impartido clases de español y estudios culturales en Boston College, Boston University, Tufts University y Universidad de Santiago de Compostela. Coordinó la Escuela Canaria de Creación Literaria y ha impartido cursos de escritura creativa en Nueva York, Boston, Noruega, Canarias, Madrid y Galicia. Ha publicado dos novelas: *Cuaderno de Agua* y *Fast*. Guionista y productor del galardonado documental de surf *The Blinking Island*, sus relatos han aparecido en diferentes colecciones.

Yusi Yareily Sabido Correa (Holbox, Quintana Roo, 1981) has attended literary workshops since 1987. She received honorable mention in the Isla Mujeres Floral Games and won first place in the National Poetry Competition, *La Tierra: Nuestro Hogar*, and in the Yucatan Floral Games. She has been an elementary school teacher since 2002 and currently she is the school principal. She has written for the anthologies: *Resumen de olas, Desde la voz del miedo, Selva, mar, historia y juventud,* and *Homenaje a escritores contemporáneos del sur de México.* **Yusi Yareily Sabido Correa** (Holbox, Quintana Roo, 1981) ha sido integrante de talleres literarios desde 1987, recibido la mención honorífica en los Juegos Florales de Isla Mujeres, el primer lugar en el concurso nacional de poesía *La Tierra: Nuestro Hogar* y en los Juegos Florales de Yucatán. Es maestra de primaria desde 2002 y actualmente directora de primaria. Ha colaborado en las antologías *Resumen de olas, Desde la voz del miedo, Selva, mar, historia y juventud,* y *Homenaje a escritores contemporáneos del sur de México.*

Susana Martín Gijón is the author of novels like *Progenie* (2020), *Especie* (2021) and *Planeta* (2022), all of them from the Alfaguara publishing house and starring police inspector Camino Vargas and her Homicide Group based in Seville. She is also the author of the "saga del trébol", composed of the novels *Más que cuerpos* (2013), *Desde la eternidad* (2014) and *Vino y pólvora* (2016). She also wrote *Pensión Salamanca* (2016), *Destino Gijón* (2016) and *Expediente Medellín* (2017), which won the Cubelles Noir Award. Furthermore, she is also the author of the psychological thriller *Náufragos* (2015), a finalist for several awards and with a pending audiovisual adaptation. She has been recognized with the Avuelapluma de Las Letras Award for her entire career. / **Susana Martín Gijón** está tras la pluma de las novelas *Progenie* (2020), *Especie* (2021) y *Planeta* (2022), todas ellas de la editorial Alfaguara y protagonizadas por la inspectora de policía Camino Vargas y su Grupo de Homicidios radicado en Sevilla. Es también autora de la saga del trébol, compuesta por las novelas *Más que cuerpos* (2013), *Desde la eternidad* (2014) y *Vino y pólvora* (2016). Además, forman parte de su catálogo *Pensión Salamanca* (2016), *Destino Gijón* (2016) y *Expediente Medellín*

(2017), ganadora del Premio Cubelles Noir, así como el thriller psicológico *Náufragos* (2015), finalista de varios premios y pendiente de su adaptación audiovisual. Ha sido reconocida con el Premio Avuelapluma de Las Letras por toda su trayectoria.

Iván Pérez- Blanco Avilés. Born in Mexico City, he studied Arts Management, Design and Visual Communications at UNAM, where he specialized in Drawing & Illustration. His work has been exhibited at events such as the *Exposición del Club Atlántico* (2014) and *Centro Cultural Digital Estela de Luz* (2015). He was also selected at the call for artists "Diseña tu RTP para Ciudad de México." He currently lives in Holbox where he is a licensed tour guide. / **Iván Pérez-Blanco Avilés**. Nacido en Ciudad de México, estudió Gestión Cultural, Diseño y Comunicación Visual en la UNAM, con la especialización de Dibujo e Ilustración. Su trabajo ha sido expuesto en varios espacios como en la *Exposición del Club Atlántico* (2014) y en el *Centro Cultural Digital Estela de Luz* (2015). Su obra fue además seleccionada en el proyecto "Diseña tu RTP para Ciudad de México." En la actualidad vive en Holbox, donde ejerce de guía turístico.

ALBUM

JOSÉ LUIS CÉSPEDES HUERTA

LONICA HENNEBURY

SUSANA MARTÍN GIJÓN

ROE SARITA & ALBERTO CHÁVEZ

FABIÁN ÁVILA ALATORRE

IVÁN PÉREZ-BLANCO AVILÉS

SUNSET IN HOLBOX

VISITING CHICHEN-ITZÁ

ROE & VACA

BIOLUMINESCENCE TOUR

YOGA CLASS

THE THRE-ISLAND TOUR

FAREWELL NIGHT: IVÁN, SUSANA, ROE, LONICA, MARTA, FABIÁN & ALBERTO

www.ingramcontent.com/pod-product-compliance
Lightning Source LLC
Chambersburg PA
CBHW061120100726
47911CB00013B/621
9780997301489